LETTRES SUR L'ALGÉRIE

LETTRES
SUR
L'ALGÉRIE

publiées dans *la Gironde*

PAR

M. Auguste DUPRÉ

AVOCAT A LA COUR D'APPEL DE BORDEAUX

« Disons-le franchement, l'Algérie a déjà
» prouvé de la manière la plus manifeste
» l'incapacité routinière de ce que nous
» nommons, en France particulièrement,
» l'administration. »
(ENFANTIN, *Colonisation en Algérie*,
2ᵉ partie, chap. II, p. 263.)

BORDEAUX
IMPRIMERIE G. GOUNOUILHOU
rue Guiraude, 11.
—
1870

A MONSIEUR ARMAND ARLES-DUFOUR

Colon à Oued-el-Halleg,

Membre élu du Conseil général d'Alger.

Mon cher ami,

Ce petit livre vous appartient ; il est le fruit d'études faites ensemble, sous l'inspiration de la même foi. Acceptez-en le patronage. Le peu qu'il vaut vient de vous.

Aug. DUPRÉ.

Listrac (Médoc), 27 juillet 1870.

INTRODUCTION

Que d'événements imprévus et de malheurs depuis le jour où nous écrivions les pages qu'on va lire! Leçon, hélas! pleine d'amertume et de larmes! Puisse-t-elle nous sauver de la ruine à laquelle nous marchions sans le savoir!

Le gouvernement militaire, qui a fait tant de mal et de victimes en Algérie, a été la cause des désastres que nous venons de subir en France. Il avait provoqué et précipité la famine de 1868, cette immense et lamentable hécatombe; il vient de déterminer les héroïques et lugubres massacres de Reischoffen et de Sédan!

Sur cent généraux qui sont aujourd'hui à l'armée, quatre-vingt-dix au moins ont fait leur avancement en Algérie, et pour avancer plus vite la plupart ont exercé des fonctions administratives dites de *commandement.*

Dans ces fonctions administratives, nos officiers se sont occupés, d'une part, de ruser misérablement avec les Arabes, et, d'autre part, d'ergoter avec les colons pour leur démontrer que « la colonisation était à la fois » un anachronisme politique » et économique. » En ces matières, ils sont devenus très forts, à ce point que, pendant longtemps, la France a été convaincue, d'après leurs affirmations, qu'on ne pouvait se passer de leur concours politique et administratif. Mais en acquérant ces connaissances spéciales, entièrement étrangères à l'art de la guerre, nos braves généraux ont complètement négligé de cultiver les connaissances de leur métier militaire, et ils ont désappris le peu qu'ils avaient appris dans les écoles. Tandis qu'ils s'appliquaient en Algérie à guerroyer contre les idées saines et préparaient l'épouvantable famine de 1867-68, en Europe on inventait et on construisait les chemins de fer, les télégraphes électriques, tous les engins perfectionnés qui modifient autant l'art de la guerre que la substitution des armes à feu aux armes à jet..... C'est à peine s'ils se doutaient des modifications que toutes ces inventions apportaient à leur métier.

La destruction de l'armée autrichienne à Sadowa aurait dû éclairer nos généraux : Non. En Algérie, ils avaient appris que toute science était infuse en eux, et ils ont abordé les Prussiens sans en douter un seul instant. Dès la première rencontre, on a vu que l'armée d'Afrique avait produit des soldats incomparables par leur énergie et des généraux qui avaient perdu la tête. Comment en aurait-il pu être autrement? La plupart n'ont ouvert aucun livre pendant leur séjour en Algérie. Leur temps était absorbé par des rapports, des réceptions, des paperasseries administratives, des correspondances, quelque peu de représentation, et pas une minute ne leur restait pour l'étude de leur métier. Aussi ne le savent-ils pas, et c'est pour avoir fait faire à nos officiers une besogne qui ne les regardait pas, que nous sommes aujourd'hui battus par les Prussiens et débordés par l'invasion !

Aux attaques dont ils étaient l'objet dans la presse et à la tribune, les partisans de ce gouvernement militaire, qui coûte aujourd'hui si cher à la France, répondaient invariablement : L'armée et les bureaux arabes peuvent seuls conjurer les révoltes et assurer la tranquillité de la colonie.

L'occasion était belle assurément pour les Arabes. Ils vont sans doute jeter le cri de guerre et nous créer de la sorte des embarras redoutables. Tout au contraire, et quelque dépit qu'en puissent éprouver les défenseurs du système, les indigènes impassibles assistent stoïquement au spectacle de nos défaites. Ils savent tout, et bien qu'il n'y ait plus de soldats dans la colonie, loin de prendre des armes contre nous, ils ne demandent qu'à voler au secours de la France. Pour remplacer les tirailleurs égorgés sur la Sarre, on a plus d'engagements qu'on en veut. Les armes manquent aux combattants, et c'est à peine si l'on peut maîtriser l'impatience des nouveaux bataillons. Tous veulent partir avant même de savoir l'école du soldat.

En vain le gouverneur général, pour faire encore l'obscurité dans la question, a mis l'Algérie en état de siége. Personne ne s'y trompe. Il n'y a pas à en douter : le gouvernement militaire et l'armée ne sont plus nécessaires en Algérie, et c'est pour le démontrer surabondamment à la France que les indigènes s'abstiennent de tout méfait. Bien plus! ils souscrivent dans les tribus des secours pour les blessés de notre armée!

Qu'il disparaisse donc à jamais, et au plus vite, ce pouvoir maudit et funeste, source de tous nos malheurs. L'heure de l'affranchissement est enfin venue pour l'Algérie. Peuplons-la, cultivons-la. Dieu sait les services qu'elle peut rendre à la France!

LETTRES

SUR

L'ALGÉRIE

—

PREMIÈRE LETTRE.

L'Algérie et les colons algériens.

La politique intérieure absorbe à ce point les esprits, que toute autre question, si pressante et si grave qu'elle soit, reste fatalement au second plan. Aussi n'ai-je pas la prétention de discuter, à propos de l'Algérie, les problèmes complexes que son organisation soulève : je voudrais simplement, hôte de passage, retenir quelques instants, sur ce beau pays, l'attention de vos lecteurs.

En Angleterre, quand les partis veulent faire échec à un ministère et à sa politique, ils réservent pour les colonies leurs attaques décisives : en France, où chaque année ramène dans l'ordre politique et social des discussions ardentes, les colonies restent dans l'ombre, j'allais presque dire dans l'oubli (1).

Et cependant, est-il un sujet qui mériterait davantage de nous intéresser et d'attirer à lui nos recherches, nos efforts et notre sympathie? L'Algérie, entre toutes, par les sacrifices qu'elle a coûtés et qu'elle coûtera longtemps encore, par les souvenirs brillants qui s'y rattachent, par les espérances conçues au début, entretenues tour à tour et si souvent déçues, vaut bien assurément la peine qu'on s'occupe d'elle : elle est aussi la France, ne l'oublions pas, et « rien » de ce qui la touche ne doit nous rester étran- » ger. »

(1) C'est en Angleterre, comme on devait s'y attendre, que les questions coloniales ont provoqué le plus de recherches; la colonisation y est enseignée en chaire publique (à l'Université d'Oxford, spécialement) comme une science d'utilité générale et nationale. (Ch. Lavolée, *Revue des Deux-Mondes*, 15 février 1865.)

C'est ici une opinion commune, que le moyen le plus propre à vulgariser en France la question algérienne est, sans contredit, de reconnaître enfin à ce pays le droit d'envoyer des représentants au Corps législatif. Le retentissement de la tribune réveillerait forcément l'attention. Les discussions publiques et contradictoires rendraient manifestes des vérités éclatantes de ce côté de la mer, obscurcies au delà. Et quand ils se trouveraient en face de députés connaissant à fond les hommes et les choses, les ministres, mieux éclairés, ne pourraient plus, par des affirmations téméraires, maintenir l'équivoque et empêcher la lumière.

La presse, à son tour, mêlerait sa voix à celle des représentants et des ministres. Le jour se ferait dans les esprits, et le concours salutaire de recherches actives, sérieuses, multipliées, approfondies, aurait sans doute pour résultat d'apporter enfin quelque remède à des maux qu'on ne peut plus dissimuler.

Et quel pays plus beau, plus riche, plus varié, plus attachant? Entendez plutôt ceux qui ont habité l'Afrique. Ils ne la quittent jamais sans esprit de retour. Combien qui, arrivés à regret, y ont planté leur tente à tout jamais!

Les colons eux-mêmes, quelques déboires qu'ils aient éprouvés, restent profondément attachés au sol de leur patrie d'adoption. Nous sommes Algériens, disent-ils, comme si déjà l'habitude et l'amour du pays avaient créé pour eux une nationalité nouvelle! Je voudrais vous conter les efforts persévérants de ces hommes, propriétaires, artisans, cultivateurs, leurs déceptions et leurs luttes. Race énergique et forte, patiente, laborieuse, active, indomptable! La disette, la fièvre, les épidémies, rien ne leur a été épargné. Beaucoup sont morts, léguant aux survivants une énergie nouvelle.

« La France, dit-on, n'a pas le génie de la » colonisation [1] : peuple léger, et que le

---

[1] « Notre incapacité dans le passé est un signe de notre » capacité dans l'avenir; car il ne s'agit plus de dépouiller » ou d'exterminer des peuples, ni de leur donner des chaî- » nes, mais de les élever au sentiment de civilisation, » d'association, dont nous fûmes toujours les représentants » les plus généreux, et je dirai aussi les plus persévérants; » jamais, dans cette voie, les plus grands mécomptes, les » plus terribles revers ne nous ont fait reculer. » (Enfantin, *Colonisation en Algérie*, p. 82.)

» moindre obstacle arrête. L'Algérie, quoi
» qu'on fasse, ne sera jamais qu'un poste mili-
» taire et un champ de manœuvre. » A ceux qui
tiennent ce langage, et plus encore à ceux qui
l'acceptent docilement comme l'expression d'une
loi fatale, je voudrais montrer ces rudes et
vigoureux travailleurs, témoignages vivants de
courage obscur et d'énergie virile.

A Bouffarik, quatre générations successives
ont péri par la fièvre, et cependant, par une
persistance inouïe, Bouffarik, « la verte éme-
raude de la Mitidja, » est aujourd'hui un magni-
fique village, bien bâti, riche, confortable, le
grenier de la plaine, et depuis longtemps le
premier marché de la province. La Mitidja elle-
même, « cette mère du pauvre, » comme l'appellent les Arabes, bien connue par les brillants
faits d'armes dont elle a été le théâtre, était
restée tristement célèbre par son insalubrité.

« Qui tombait là, mourait. »

Non plus du froid, comme sur la route de
Moscou, mais de la fièvre. On se fait difficile-

ment une idée des efforts et des sacrifices qu'ont coûtés les défrichements de ces terres malsaines et merveilleuses. Que de ruines! Que de malheureux enlevés par les maladies! L'opiniâtreté des colons l'a emporté, cependant, et aujourd'hui la plaine presque entière, assainie et desséchée, est livrée à la culture. Elle est partout faite avec soin. On se croirait en France (1).

Qu'on ne vienne donc plus dire que le génie de la France est impropre à coloniser. Coloniser, n'est-ce pas civiliser? Et qui oserait prétendre qu'il y a au monde une nation qui ait devancé la France dans les voies du progrès et de la civilisation?

Qu'on ne répète pas davantage que l'énergie, la persistance et le courage manquent à nos colons; ils sont là pour répondre et pour montrer quels obstacles insurmontables ils ont renversés!

---

(1) M. C. T. de Fallon vient de publier un ouvrage consacré tout entier à l'histoire de Bouffarik : on peut y voir à quel prix et par quels sacrifices les colons ont réussi à développer, dans cette partie de la plaine, la richesse agricole. (*Bouffarik et son Marché*, 1 vol. in-8º.)

Et pourtant l'Algérie, si fertile et si hospitalière, végète tristement.

Pourquoi donc?

C'est le mystère que le grand jour des discussions publiques et la liberté de la tribune pourront seuls éclaircir.

Agréez, etc.

Alger, 24 décembre 1869.

DEUXIÈME LETTRE.

Les Arabes considérés au point de vue de la production et du travail.

> « L'économie jointe au travail donne
> » des mœurs aux nations. »
> (Mirabeau.)

On raconte que Mahomet, se trouvant un jour dans la maison d'un de ses partisans médinais, y aperçut un soc de charrue : « Ces choses-
» là, dit-il, n'entrent pas dans une maison sans
» que la honte n'entre aussi dans l'âme de ceux
» qui l'habitent (¹). »

(¹) Dʳ Warnier, l'*Algérie devant l'Empereur*, p. 173.

De semblables maximes ne sont pas faites, on en conviendra, pour entretenir dans le cœur de ceux qui les professent l'énergie nécessaire au développement du travail et de la production.

Ce mépris du travail, considéré comme une marque indélébile d'avilissement, nous ramène par la pensée aux plus tristes jours des sociétés antiques. Elles aussi glorifiaient l'oisiveté comme le signe et le privilége de la liberté et de la dignité humaines. Qui ne se souvient qu'à Sparte l'agriculture était réputée indigne d'un homme libre; à Thèbes, l'homme qui avait exercé une profession laborieuse n'était admis aux priviléges de citoyen que dix ans après qu'il l'avait abandonnée; enfin, à Athènes, un orateur n'alla-t-il pas un jour jusqu'à proposer qu'on déclarât esclaves tous les hommes libres qui s'étaient abaissés jusqu'à se faire artisans [1]?

Observateur docile de préceptes qui s'accommodent merveilleusement à sa nature et qu'on pourrait appeler « le droit à la paresse », l'Arabe

---

[1] E. Laurent, *du Paupérisme*.

travaille le moins qu'il peut — juste assez pour vivre; — et même combien qui, malgré la misère et la faim, demeurent oisifs, préférant la mort au plus léger sacrifice. La disette qui a fait en Algérie de si nombreuses victimes, en a fourni une preuve éclatante. Des chantiers étaient ouverts, où l'on recevait les indigènes. Après quelques heures de travail, beaucoup s'en allaient, certains de ne retrouver nulle part ailleurs le pain de la journée.

Aux portes mêmes d'Alger, dans la haute ville et sur les remparts, l'Arabe, majestueusement drapé dans son burnous en guenilles, est assis silencieux et impassible. Est-il en prière? son âme voyage-t-elle au pays des rêves enchantés? Rêve ou prière, qu'importe? L'oisiveté, ce vice d'origine, né du climat, du tempérament et de la religion, suffit à son bonheur (¹).

Ce n'est pas tout : l'organisation du travail

(¹) « N'a-t-il pas d'ailleurs, dans son sang arabe et dans sa » foi, la volonté et la certitude de trouver à vivre sur toute » terre, de ne jamais rencontrer un plus beau toit que le » ciel étincelant du désert, de n'avoir d'autre maître que » Dieu, et, dans tous les cas, de bien mourir? » (Enfantin, page 66.)

est déplorable, et il est manifestement impossible qu'elle produise les résultats bienfaisants qu'on serait en droit d'attendre d'une exploitation intelligente et véritablement économique.

La tribu arabe, disait M. Casabianca au Sénat, dans son Rapport sur le sénatus-consulte de 1863, « s'oppose à tout progrès, à toute amélioration. Elle condamne l'agriculture à une perpétuelle enfance (¹). »

Le pauvre *khrammès*, sorte de colon partiaire, courbé vers la terre, travaille seul au profit d'un maître impitoyable. C'est à peine si la part qu'il retire de son labeur quotidien (un cinquième de la récolte), lui procure les moyens de vivre misérablement. Un cri général d'indignation s'est élevé contre les abus révoltants dont le malheureux *khrammès* est la victime. Cris impuissants! C'est une tradition de notre politique de ménager le pouvoir aristocratique et la vanité perfide des grands chefs, comme si nos principes, la justice et l'intérêt public ne nous faisaient pas, au contraire, un devoir de

---

(¹) *Moniteur universel* du 9 avril 1863.

favoriser partout le développement de l'élément démocratique. « Les grands chefs, dit M. Va-
» cherot, sont restés, à peu de chose près, ce
» qu'ils étaient avant la conquête française;
» trente ans de contact avec nous n'ont pas
» modifié ces âmes avides et corrompues, qui
» continuent à comprendre l'administration
» d'une tribu ou d'un douar comme nous com-
» prenons l'administration d'un domaine. Le chef
» musulman épuise tout ce qu'il touche (1). »

Et qu'on ne traite pas cette doctrine de déplacée. Regardez plutôt la Kabylie, ce pays de montagnes souvent arides et de production laborieuse. Pas un coin de terre qui ne soit cultivé. Une population active, remuante, empressée autant qu'elle est brave, y travaille avec ardeur. Quand vient l'époque de la moisson, ces rudes montagnards accourent dans la plaine; ils descendent par bandes nombreuses, et apportent aux colons un concours qu'ils attendraient vainement des Arabes. Mais là, point de joug énervant, point de domination malsaine

(1) *Revue des Deux-Mondes*, 1ᵉʳ septembre 1869.

et dissolvante. Les *kanouns,* échos lointains des institutions romaines, y impriment au cœur de chacun l'amour du travail, l'attachement au sol et le sentiment fécond de l'indépendance individuelle.

En territoire arabe, avons-nous dit, l'organisation du travail est vicieuse; mais le travail lui-même est défectueux, et, partant, improductif. Dans un discours remarquable qu'il prononçait au Sénat, le 12 avril 1863, M. Ferdinand Barrot, parlant des Arabes, qu'il connaît bien, s'exprimait ainsi : « On appelle les Arabes
» un peuple agricole et pastoral, c'est une illu-
» sion. La culture chez eux est restée à l'état
» le plus primitif; leurs instruments, peu nom-
» breux, sont ceux du temps d'Abraham. Ils
» donnent à la terre un travail insouciant; mais,
» en bonne mère, la terre leur rend au delà de
» leurs peines et de leurs soins. Voyez le labou-
» reur arabe. Il arrive sur le champ qu'il veut
» ensemencer; il y jette son grain sur le chaume
» des récoltes précédentes et sur les herbes
» desséchées par l'été; puis il y fait passer son
» araire, le détournant à la moindre pierre,

» respectant le moindre buisson ; puis il attend
» le moment de la récolte, que Dieu soignera
» jusque-là (¹). »

A ceux qui douteraient encore, et qui, sur la foi de spéculations séduisantes, persisteraient à croire que « l'Arabe est le véritable producteur (²) », je dirai : Allez partout, en territoire militaire aussi bien qu'en territoire civil, comparez le champ européen et le champ arabe, et, sans être agriculteur consommé, vous verrez bien vite si la vérité se trouve du côté des théories téméraires et des affirmations complaisantes.

Mais, dit-on, l'Arabe cultive seul à bon marché. — Résultat désastreux, et dont les causes doivent nécessairement amener sa ruine. Tout le monde sait qu'en Algérie, sous ce climat brûlant, les années de sécheresse sont fréquentes. Malheur alors à celui qui n'a pas enfoui profondément le grain. L'Arabe, on l'a vu, gratte à peine la terre ; vienne la sécheresse,

---

(¹) *Moniteur* du 12 avril 1863.
(²) Général Charon, discours prononcé au Sénat, *Moniteur* du 9 avril 1863.

sa récolte est brûlée, alors que l'Européen, plus soigneux, recueille encore une moisson rémunératrice. Ajoutez que l'indigène ne fume pas son champ, il n'alterne jamais les cultures, et la terre, épuisée, ne donne plus qu'un rendement presque toujours inférieur des deux tiers à celui qu'obtient l'Européen.

Il faut aller plus loin : la même religion qui déclare le travail œuvre servile et méprisable, défend, en outre, et formellement, le prêt à intérêt et l'épargne (1). Ses revenus réalisés en argent, l'Arabe les dissipe ou les enfouit. « Tous » les ans, des dizaines de millions, versés dans » les mains arabes par le commerce, vont se » cacher ou se perdre, toujours ou pour long- » temps stériles (2). » De telles pratiques, éclatante négation de toute loi économique, doivent fatalement amener la ruine et accumuler la

---

(1) E. Meynier, *de l'Islamisme,* p. 87.
(2) Jules Duval, page 85.
« Ceux qui avalent le produit de l'usure (prêt à intérêt),
» se lèveront au jour de la résurrection comme celui que
» Satan a souillé de son contact.... Ceux qui retourneront à
» l'usure seront livrés au feu, où ils demeureront éternelle-
» ment. » (Coran, chapitre II, verset 276.)

misère. La réalité n'a que trop justifié les théories et les prévisions de la science : bien aveugles sont ceux qui assignent à des causes différentes et accessoires la mortalité de 1867 !

Il faut donc le reconnaître : chez les indigènes, le travail est méprisé; l'organisation politique de la tribu et de détestables pratiques agricoles le rendent infécond; l'imprévoyance détruit l'épargne; l'épargne elle-même reste stérile. Et tout cela, qu'on ne l'oublie pas, au nom de Dieu! ce ne sont pas seulement des préjugés dont le temps et le bon sens pourront faire justice : c'est une loi indiscutable, divine. Et tant que la religion qui sanctionne de semblables doctrines n'aura pas disparu, n'espérez pas que vous arracherez au cœur de ses disciples des erreurs devant lesquelles votre vérité succombe sous la haine et le mépris.

Quelque temps on a pu espérer que, sous l'influence et au contact d'une civilisation nouvelle, les pratiques superstitieuses d'une religion vieillie tomberaient dans l'oubli ou l'indifférence; mais, après douze siècles, la foi est aussi vive, aussi tenace qu'à l'origine. Chose remarquable!

« on voit bon nombre de chrétiens se faire
» mahométans, on n'a presque jamais vu de
» mahométans se convertir à la foi chré-
» tienne (1). »

Et cependant, des esprits généreux, sans doute, mais généreux à l'excès, cherchent encore, malgré tout, les moyens d'assimiler l'une à l'autre des races opposées, et de concilier ensemble des traditions inconciliables! Pure chimère, dont l'Algérie, pour son malheur, n'a que trop souffert !

Le maréchal Bugeaud, qui avait certainement une grande expérience des hommes et des choses, racontait que, ayant voulu connaître là dessus l'opinion des Arabes eux-mêmes, il s'était adressé à un cheik, qui lui avait répondu :
« Mettez dans une marmite un Arabe et un
» chrétien, faites bouillir le tout ensemble pen-
» dant 24 heures, et vous aurez du bouillon de
» deux espèces : du bouillon arabe et du bouillon
» chrétien (2). »

---

(1) E. Meynier, *Etudes sur l'Islamisme,* p. 43.
(2) D'Ault Dumesnil, *Relation de l'expédition d'Afrique,* page 198.

Voilà cependant le peuple sur lequel une école politique voudrait asseoir la base de notre domination en Afrique. « Il y a assez de colons » en Algérie ; je suis même tenté de dire qu'il y » en a trop, » s'écriait M. J. David au Corps législatif, et, comme pour mieux préciser sa pensée, il ajoutait : « Assurons l'avenir de » l'Algérie en tirant partie des ressources indi- » gènes, et en n'accordant à l'élément européen » *qu'une importance qui grandira par le cours* » *naturel des choses* (¹). »

Mais, pour fertiliser les terres, que dis-je? pour les mettre en culture, il faut du travail : les Arabes vont-ils donc, désertant leurs mosquées et leurs croyances, s'abandonner tout à coup à ces entreprises gigantesques, qui trop souvent épouvantent nos colons? Et le capital nécessaire au travail? Les cachettes vont-elles s'ouvrir pour ne plus se refermer? Mais une telle révolution sociale n'est possible qu'au prix d'une révolution religieuse. Alors, pourquoi relever les temples? Pourquoi enseigner, aux

---

(¹) *Moniteur* du 15 avril 1865.

frais de l'État, la religion et le droit musulmans? Qui ne voit, en effet, qu'en perpétuant la tradition on retarde la révolution?

Il faut bien le dire : quoi qu'on fasse, on ne réussira pas à détruire, après douze siècles, des coutumes, des souvenirs et une foi qui, après tout, sont le patrimoine glorieux du peuple arabe.

La liberté de conscience est le fondement de la société moderne ; respectons-la en Afrique, comme nous voulons qu'on la respecte en France. Mais alors, cessons bien vite de poursuivre la chimère d'une régénération sans espoir.

Que l'indigène soit protégé, c'est un devoir (1); mais qu'on se retourne donc une bonne fois pour toutes, et franchement, vers les colons; qu'on donne enfin satisfaction à leurs besoins. Le passé répond de l'avenir. Que la liberté éman-

---

(1) « C'est à un conquérant à réparer une partie des maux » qu'il a faits. Je définis le droit de conquête : un droit » nécessaire, légitime et malheureux, qui laisse toujours à » payer une dette immense pour s'acquitter envers la » nature humaine. » (Montesquieu, *Esprit des Lois*, p. LX, chap. IV.)

cipe la colonie et la débarrasse de cette tutelle qui comprime ses forces et son essor. Que le capital soit rassuré, non pas seulement par des établissements de crédit, créations artificielles et impuissantes, mais surtout par des institutions démocratiques et libérales : « Comprenez
» donc que la prospérité de l'Algérie sera faite
» dès qu'il sera notoire que l'on facilite les
» moyens de gagner de l'argent à ceux qui en
» apportent, au lieu de contrarier et presque
» de persécuter le capital. » (M. J. David.) (¹).

Alors, les émigrants arriveront en foule, et la politique de la France en Algérie se conformera aux sages conseils du général Bedeau, qui disait :

« Nous ne serons réellement maîtres (²) du
» pays qu'après y avoir introduit une population
» européenne nombreuse, active, industrielle,

(¹) *Moniteur* du 15 avril 1865.
(²) Jules Duval, page 163.
Cette vérité, que personne ne conteste plus aujourd'hui, a été maintes fois exprimée par tous ceux qui ont pris part à la direction des affaires algériennes : le maréchal Bugeaud, les généraux Lamoricière, de Martimprey, Pélissier.
— C'était aussi l'opinion d'Enfantin.

» susceptible de rendre définitivement français
» le sol conquis par le courage et les fatigues
» de l'armée. »

Alger, 5 janvier.

TROISIÈME LETTRE.

De la concurrence indigène. — De ses causes. — De son influence sur la colonisation dans le passé et dans le présent.

De tous les événements qui ont retardé et compromis la colonisation en Algérie, aucun n'a été plus funeste que la concurrence indigène. Elle a porté le trouble et presque le désespoir dans les cœurs les plus fermes ; c'est à peine si aujourd'hui la colonie commence à se relever des atteintes profondes qu'elle en a reçues.

Pourquoi donc, et par quel mystère économique, l'indigène a-t-il tenu si longtemps en échec la production européenne? Il est intéressant de le rechercher.

Le temps, cette monnaie précieuse des peuples civilisés, n'a pour l'Arabe aucune valeur; il en ignore absolument le prix. A ce propos, M. le Dr Warnier, dont la vie entière et le talent ont été consacrés à de laborieuses et savantes études sur l'Algérie, me racontait le fait suivant [1] :

« A l'époque où j'exploitais la ferme de Khau-
» douri, le chef d'une tribu voisine vint s'offrir
» à moi, avec ses gens, pour faire la moisson;
» il avait lui aussi ses blés à couper; ils étaient
» mûrs, les oiseaux s'y jetaient en foule et cha-
» que jour de retard diminuait la récolte. A mes
» observations plusieurs fois répétées, l'Arabe
» répondait toujours en disant : J'aurai le temps
» plus tard ! »

Le capital demeure improductif, et l'indigène

---

[1] La République a vengé notre ami M. Warnier des persécutions de l'Empire. Élu récemment conseiller général à Alger, il vient d'être nommé par le gouvernement provisoire préfet de la province.

a si peu l'idée de sa fructification par l'intérêt, qu'il préfère garder son argent que de payer ses dettes, fussent-elles constituées à des taux usuraires.

Enfin, inhabile par tempérament, autant que par tradition aux spéculations agricoles, le cultivateur recherche par dessus tout à produire avec le moins de soins, de travail et d'argent possible.

Dans ces conditions, l'indigène, qui ne compte ni *son temps*, ni l'*intérêt du capital*, ni les risques d'*une culture imprévoyante*, se trouve absolument dans la situation d'un industriel qui, ne calculant pas exactement le prix de *revient* de sa marchandise, la vendrait toujours *au dessous du prix coûtant*. L'Arabe arrive au marché avec son grain ou ses bestiaux. Quelle en est la valeur? Elle doit s'établir par une estimation complexe qui repose sur des données à la fois certaines et éventuelles : le temps employé au travail, le travail fourni à la culture, l'intérêt du capital, le stock, l'état des marchés, les prévisions, etc. L'Arabe ne se préoccupe pas de tout cela; il livre sa marchandise à un prix de hasard, dont le taux n'est fixé par aucun calcul économique, et dans lequel, en tous cas, le temps et le travail ne figurent pas comme éléments.

Sa marchandise vendue, l'Arabe enfouit l'argent, et il l'emploie à ses besoins. Survient la disette, l'argent est dissipé. Pas de récoltes, souvent même pas de semences. Pendant que les silos n'étaient pas encore épuisés, l'indigène y trouvait des ressources; mais les silos sont vides, l'épargne n'existe pas. C'est la ruine, ruine fatale, et dont les signes apparaissent par ces liquidations terribles qui se succèdent périodiquement, et qui, en se répétant d'autant plus que les provisions diminuaient, laissent aujourd'hui les Arabes sans épargne, sans bétail et presque sans bras.

Désastreuses pour l'indigène, ces pratiques ne sont pas moins funestes au colon. Ce dernier, subissant la loi d'une concurrence imprévoyante et ruineuse, est obligé de livrer sa marchandise à des prix qui ne sont pas rémunérateurs. — En vain, quand il quitte sa ferme et qu'il vient au marché, l'Européen calcule-t-il le prix de son temps et de son travail; en vain cherche-t-il à se prémunir contre des sollicitations équivoques par un examen attentif et des recherches exactes sur la valeur de ses produits, tous ses efforts se brisent contre le fait anormal, inexplicable, d'une concurrence qui l'écrase. Il lui faut de l'argent pour reconstituer une production avilie; il la cède aux mêmes conditions que l'indigène, trop heureux si, lorsqu'il rentre chez lui surpris et désabusé, ses ressources lui permettent de continuer une exploitation que l'intelligence et l'économie ne préserveront pas de la ruine. Pas de bénéfices, partant pas d'améliorations. Le colon voulait bien entreprendre des travaux utiles et concourir aux progrès agricoles par des sacrifices compensateurs; mais le capital, d'où s'éloigne la confiance, rendu pour ainsi dire improductif, ne fournit pas les moyens de le renouveler. De là, la gêne, les emprunts usuraires, et à la fin peut-être l'expropriation.

Aujourd'hui, Dieu merci! les choses ont pris une autre tournure, et si, pendant la période d'établissement, la concurrence indigène a semé partout la misère et le désespoir, le colon trouve maintenant, par une culture supérieure et par l'augmentation de ses produits, une compensation qui la rend sans danger. Les silos, au reste, sont épuisés, les troupeaux anéantis. Le sol est jonché de ruines et de cadavres! Qui oserait dire que les Arabes se relèveront jamais?

Ces faits évidents sont restés longtemps obscurcis. En vain les hommes prévoyants annonçaient le dénouement. Pressentiments insensés, disait-on; déductions d'une science trompeuse, que l'événement ne justifierait pas. — Et, se retournant vers les Européens, les ennemis de la colonisation leur disaient : « Voyez, tout est » ici pour rien; l'Arabe produit à meilleur » marché que vous. Cessez donc de poursuivre » une lutte impossible. Inclinez-vous enfin devant » la supériorité évidente de la production » indigène (¹). » Ces conseils, répétés chaque

(¹) « L'Arabe est le véritable producteur de céréales; lui » seul cultive à bon marché, il est le seul éleveur de bestiaux. » (Général Charon, discours au Sénat, 9 avril 1863; voir également la Lettre de l'Empereur au duc de Malakoff, 11 avril 1863.)

jour, partout, à chacun, n'ont pas désespéré les colons. Ils ont tenu bon; on sait le reste. Mon cœur se serre encore de tristesse au souvenir de ces fantômes, errant par bandes sur les chemins comme une longue file d'ombres fantastiques et désolées!

On objectera peut-être que le marché européen, et spécialement le marché de Marseille, règle celui de l'Algérie. Aujourd'hui, sans doute; mais il y a dix ans? mais avant cette époque? Les communications rapides n'existaient pas alors, et les produits du sol devaient nécessairement se consommer sur les lieux mêmes. Maintenant encore, et sans la famine de 1867, les colons pourraient-ils, comme ils l'essaient avec succès, entreprendre l'élevage des bestiaux et le commerce de la viande? Pendant qu'il possédait des troupeaux, l'indigène, qui les vendait à perte, rendait la concurrence impossible. Mais les troupeaux ont disparu, tout comme le grain des silos. L'équilibre se rétablit peu à peu, et les choses vont enfin reprendre leur cours régulier et logique.

La concurrence, dira-t-on encore, profitait au public, qui est intéressé à l'abaissement des prix. Assurément, et quelles qu'eussent été les souffrances des colons, si on devait les attribuer à l'application des lois économiques, elles n'exciteraient en nous qu'une sympathie qui s'inclinerait devant une nécessité supérieure. Est-il besoin de rappeler les vices de la production indigène? Le bon marché cachait la ruine, et quand un fait semblable se présente, il ne peut jamais être qu'un expédient qui est détestable et passager.

Qui ne voit d'ailleurs que si l'indigène produit à vil prix, entre autres causes cela résulte de la constitution d'un communisme anti-social; et peut-on regretter qu'une organisation politique disparaisse, dont la base repose sur l'exploitation d'une race tout entière par un petit nombre de privilégiés (¹)?

(¹) « La civilisation et la force des choses exigent que la
» tribu soit pénétrée, transformée par notre contact et nos
» exemples, sinon dans tous nos usages, du moins dans
» ceux qui sont incompatibles avec le progrès matériel :
» attaquer la propriété arabe dans son principe, le commu-
» nisme; la société indigène dans sa base, la hiérarchie
» féodale; voilà pour le gouvernement de l'Algérie le com-
» mencement de la sagesse. » (VACHEROT.)

Le consommateur, du reste, a tout avantage à s'adresser à un consommateur comme lui, et en position de lui demander des échanges de services.

L'équilibre des fonctions de la vie économique se manifeste par deux faits également nécessaires, et qui sont, vis à vis l'un de l'autre, dans une dépendance successive et complémentaire : la production et la consommation.

L'indigène qui produit mal ne consomme pas, en sorte qu'il se présente au point de vue économique comme une force à la fois stérile et nuisible.

L'expérience du passé doit être un enseignement; et si, malgré les conseils de la raison et les leçons de la science, l'Arabe ne secoue pas enfin le joug d'une tradition qui l'énerve, un jour viendra où, cherchant sur le sol les traces effacées de son passage, on répétera après lui : *C'était écrit.*

Recevez, etc.

Alger, 10 janvier 1870.

QUATRIÈME LETTRE.

Déchéance et dissolution de la race arabe.

> « La servitude abaisse l'homme
> jusqu'à s'en faire aimer. »
> (VAUVENARGUES.)

Dans une lettre restée célèbre, l'archevêque d'Alger, parlant du peuple arabe, disait :

« L'absence complète de sens moral, qui est
» le propre de cette malheureuse race déchue,
» favorise, sans contredit, la multiplication de
» ses forfaits (1). »

Ces paroles, on s'en souvient, éclatèrent partout comme un coup de foudre, et la France, mieux informée, comprit enfin combien il était

---

(1) Lettre de Mgr Lavigerie, archevêque d'Alger.

urgent de modifier une politique et un système dont l'événement démontrait l'impuissance. Suivons donc, nous aussi, les traces de ce peuple qui s'achemine vers la mort, et cherchons à démêler dans ses mœurs, dans ses coutumes et dans ses actes, les causes fatales et les signes certains d'une inévitable déchéance.

L'Arabe a horreur du travail; il est né pour la bataille et la chevauchée, et c'est pour lui une marque de noblesse de partager sa vie entre l'oisiveté et les combats; mais la nature humaine s'accommode mal de l'inaction, qui entraîne bien vite après elle le dérèglement et la corruption. La tradition du peuple arabe l'a perdu, et le dogme anti-social de l'immobilité a engendré les vices sous lesquels il succombe : « L'homme est fait pour agir et créer; l'action, » c'est le salut [1]. » L'Arabe croit vivre dans sa ville blanche; il s'y enterre, enseveli dans une inaction qui l'épuise, accablé de ce silence même qui le charme, enveloppé de réticences et mourant de langueur [2].

[1] Michelet, *Nos fils* (Introduction).
[2] E. Fromentin, *Une année dans le Sahel.*

Longtemps avant l'archevêque d'Alger, le général Allard (¹), dont on ne saurait dire qu'il est l'ennemi des indigènes, s'exprimait ainsi à la tribune du Corps législatif :

« Il ne faut pas se méprendre sur le caractère
» des Arabes; c'est une population fanatique,
» ignorante, superstitieuse, rusée, belliqueuse.»

Enfin, le général Daumas dénonce en ces terme *l'égoïsme si fatal aux Musulmans* :

« Ils ont la foi, non la charité; ils sont
» partout, en haut comme en bas, profondément
» égoïstes (²). »

Les derniers événements et la famine de 1868 ont mis en lumière bien des vérités méconnues, et en compulsant les registres des décisions judiciaires, on y trouve le témoignage d'une décrépitude et d'un abaissement sans exemple. Loin de nous la pensée de faire ici le tableau des atrocités et des crimes dont l'Algérie a été le théâtre. Nous voulons simplement distinguer dans ces sombres annales les signes avant-coureurs d'une dissolution manifeste.

(¹) *Moniteur* du 13 avril 1865.
(²) Général Daumas, *Mœurs et coutumes de l'Algérie.*

La prison, pour les Arabes, est un bienfait, le bagne un honneur, et, quand il rentre dans sa tribu, le forçat accueilli et fêté devient un objet de respect et de culte. Il participe aux priviléges des marabouth, et, comme eux, il vit des aumônes que ses compatriotes lui distribuent généreusement. La guillotine seule est un objet d'effroi.

« Quand l'ange de la mort, envoyé par Dieu,
» viendra sur la terre chercher le supplicié, il
» le saisira au mahomed (petite touffe de che-
» veux au sommet de la tête); mais la tête,
» séparée du tronc, suivra seule, et le corps
» restera privé des joies célestes du Paradis. »

De tous les vices familiers aux Arabes, le plus commun est assurément le faux témoignage. « L'Arabe est menteur, dit le général
» Daumas, et, dans la guerre, il procède le plus
» souvent par surprise et par trahison ([1]). » — Pas un procès civil ou criminel ne se déroule devant la justice sans que chaque partie ne produise tour à tour des témoins, sorte de manœu-

---

([1]) Général Daumas, *La grande Kabylie*, p. 35.

vres à gages, qui affirment ou qui nient indifféremment tout ce qu'on veut qu'ils affirment ou qu'ils nient. Obstinés dans leurs déclarations, ils y persistent, malgré l'évidence, quelque menace d'ailleurs qu'on leur adresse.

Le faux témoignage est une véritable industrie qui a ses marchés et ses cours, et la répression est à ce point impuissante, qu'on renonce, pour ainsi dire, à rechercher et à poursuivre les témoins complaisants. Et qu'on ne croie pas que ce soit là un fait propre à une classe particulière de la société arabe ; il est général et commun à tous, riches et pauvres, grands et petits. Les cadhis eux-mêmes « sont d'aussi mau- » vaise foi que les parties ; ils donnent toujours » raison à celui qui les achète le mieux (¹) », et il n'est pas rare de voir sur les bancs des assises quelqu'un de ces justiciers indigènes prévenu de faux ou accusé de corruption.

Le vol, comme le faux témoignage, est un mal endémique ; il se pratique partout et en

---

(¹) Clément Duvernois, l'*Algérie : Essai économique et politique.*

tout temps; il avait même pris, à un moment, de telles proportions à Medeah, que le Conseil municipal de cette ville fut obligé, par une délibération expresse, de réclamer le concours et l'appui de l'autorité militaire (¹). Les Arabes volent partout où ils peuvent, et surtout dans le jour (²). A leurs yeux, tout est bien qui finit bien, l'homme a raison qui réussit : aussi les voit-on, sans scrupules et froidement, tuer pour voler; le moyen le plus expéditif est le plus sûr. Et veut-on savoir quels sentiments les animent alors? Écoutez cet aveu cynique d'un jeune homme qui vient d'assassiner un enfant pour lui prendre un bijou sans valeur : « Comme il » n'était pas encore mort et que je l'entendais » gémir, je me suis assis à côté de lui, afin » d'attendre qu'il ait rendu le dernier soupir.

(¹) *Tell* (8 février 1868). « Le Conseil municipal de Me-» deah émet le vœu que l'Administration supérieure prenne » des mesures énergiques pour mettre un terme aux vols » nombreux qui se commettent presque journellement dans » la banlieue et surtout dans les villages agricoles de Lodi » et de Damiette. Ces vols sont exécutés avec une audace » inouïe; nos colons en sont tous les jours victimes. »

(²) Général Daumas, *La Grande Kabylie,* p. 37.

» Je suis resté ainsi un quart d'heure envi-
» ron (¹). »

Ces faits, il importe de le retenir, ne sont pas isolés ; ils se reproduisent fréquemment, sous des formes diverses, à la vérité, mais toujours avec le caractère commun d'âpreté stupide et d'insouciance exempte de remords. On en peut juger par le récit suivant :

Deux Arabes s'étaient concertés pour dépouiller un de leurs compatriotes : après l'avoir lâchement assassiné, ils partagent le butin. La malheureuse victime avait quatre sous pour toute richesse! — Le croirait-on? — Pendant que son complice était endormi, l'un des meurtriers l'assassinait pour s'approprier la somme entière.

La cupidité et la paresse sont telles que, pour satisfaire sans travail ses besoins ou ses vices, l'Arabe emploie tous les moyens : mensonge, faux témoignage, vol; il ne reculera pas devant les raffinements de la plus repoussante cruauté.

(¹) *Tell* (6 juin 1868).

Un Arabe de trente-cinq ans environ, plein de vigueur et de santé, allait à Bouffarik, de maison en maison, demandant l'aumône. Il portait sur son dos un jeune enfant malade dont les cris horribles brisaient l'âme : les passants s'apitoyaient et donnaient. — Armé d'une longue épingle, ce misérable, d'une main, labourait le dos de l'enfant atteint de la petite vérole et couvert de pustules, tandis que, de l'autre, il sollicitait la charité publique.

De tels faits se passent de commentaires.

Mais au moins, dira-t-on, l'enfance est innocente et bonne. Hélas! la dépravation a détruit à ce point chez le peuple arabe la notion du bien et du devoir, que l'enfance flétrie est elle-même corrompue et maudite. En pourrait-il être autrement dans une société où les sentiments de famille sont à peu près inconnus? La femme ne compte pas. C'est une domestique, le plus souvent une esclave : « Elle ne mange pas » avec son mari, encore moins avec ses hôtes (¹). » Dès la plus grande jeunesse, filles et garçons se

---

(¹) Général Daumas, *La Grande Kabylie,* p. 41.

livrent au plus scandaleux dévergondage. La femme se prostitue au premier venu ; — elle se donne ou se vend à qui la prend où l'achète. Les vices honteux des hommes étaient, dès avant la conquête, si dangereux et si redoutés, que jamais, jusqu'à l'âge de dix-huit ans, un enfant ne sortait sans être accompagné. Élevés pêle-mêle au milieu des troupeaux, les enfants indigènes, déshérités du ciel, ne connaissent pas les caresses d'une mère, ses sourires et son amour; et ce sentiment vulgaire que l'instinct donne à la bête, la reconnaissance, ils l'ignorent. Mais que dis-je? le bienfait est un acte de faiblesse, de crainte et d'humiliation devant la race arabe.

Un ami m'a conté le drame qu'on va lire. Son visage assombri trahissait une émotion profonde, et le souvenir du passé réveillait dans son cœur des pensées horribles et des tristesses infinies :

Les époux Minois exploitaient, sur les bords de la Chiffa, une ferme située dans la commune d'Oued el Hallegh. C'étaient de braves gens, laborieux, économes et charitables. Ils avaient un petit garçon de cinq ans, beau à faire envie, leur joie et leur espérance. Un matin, deux enfants frappent à la porte : ils étaient maigres, hâves, affamés ; la femme les reçoit et leur donne à manger. L'enfant de la maison se joint à eux, et, quand ils partent, il les suit. Le malheureux ne devait plus revenir. Arrivés au bord de la rivière, les mendiants, pour se débarrasser d'une compagnie importune, l'avaient noyé !

Le cœur se soulève de dégoût devant une dépravation si précoce, et l'indignation arrachait devant la cour d'assises au ministère public ces paroles enflammées :

« Oh ! le génie du mal souffle sur ce peuple ; il inspire jusqu'à ses plus petits enfants : jeunes et vieux, tous justifient la parole de l'Évangile... Ils sont maudits ([1]). »

Et maintenant, parlerai-je de ces scènes hideuses connues du monde entier, et qui ont arraché partout des cris d'angoisse ? La barbarie, par une malédiction providentielle, s'achar-

---

([1]) *Tell* (13 juin 1868).

naît pour s'en repaître sur des cadavres humains : des mères ont mangé leurs enfants, et, si l'on en croit la rumeur publique, à Soukaras, des êtres à notre image, et comme nous animés de ce souffle sublime qui est la pensée, l'âme, la vie, auraient trafiqué de cadavres et organisé dans l'ombre des boucheries de chair humaine.

Éloignons ces souvenirs douloureux. Mais, pour l'honneur de l'humanité, disons-le bien haut : elle est à jamais déchue, la race qui a donné au monde le spectacle d'une infamie sans excuses. Des excuses, cependant, le croirait-on? ont été balbutiées. « L'Irlande affamée » avait eu, elle aussi, ses festins de canniba-» les (¹). » Au nom de son pays, l'archevêque de Dublin a donné à cette assertion un démenti solennel.

L'anthropophagie, ajoutait-on, impliquait la folie, et comme une *sorte de transport au cerveau* (²). Mais quand des avocats se présen-

(¹) *Lettre du maréchal Mac-Mahon à l'archevêque d'Alger.*
(²) *Id., id., id.*

taient à la barre et qu'ils essayaient de couvrir par ce système leur impuissance et la responsabilité des barbares livrés à la justice, le président leur disait : « La Cour ne saurait tolérer » qu'on soutienne devant elle de pareilles théo- » ries, qui conduiraient à la négation de toute » justice (1). »

Le voilà donc, le peuple arabe, « ce grand enfant, » comme quelques-uns l'appellent. — Un enfant? Non. C'est un vieillard décrépit et vicieux. Courbé sous le joug de ses chefs, il se complaît dans la servitude. « La servitude, a dit » Vauvenargues, abaisse l'homme jusqu'à s'en » faire aimer. » La foi a fait place à un fanatisme superstitieux, et c'est au nom de cette même religion qui jeta sur le monde en pleines ténèbres l'éclat d'une renaissance lumineuse, que l'Arabe dégénéré, froid, dédaigneux, impuissant et corrompu, renouvelle à la face de la civilisation les temps maudits des invasions barbares!

L'idée du royaume arabe, imaginée dans

---

(1) *Tell* (6 juin 1868).

l'espoir de reconstituer une nationalité chancelante, a fini de la compromettre et de la perdre. On a élevé entre l'Arabe et l'Européen une barrière infranchissable, et, par une amère dérision de la fortune, pendant qu'en territoire militaire la famine semait la mort et le crime, en territoire civil, au contraire, l'Arabe, enveloppé par l'élément européen, et comme sauvegardé par lui, résistait victorieusement : « Les indigènes » du territoire civil supportent, sinon aussi » énergiquement que les colons, du moins sans » trop faiblir, les circonstances que nous tra- » versons ([1]). »

L'événement, comme un vent qui passe, a détruit le savant édifice de la politique impériale en Algérie, et nous assistons à ce spectacle singulier de la ruine d'un peuple, précipitée par le fait et par la faute de ceux-là même qui se proclamaient ses plus vigilants défenseurs!

Alger, 22 janvier 1870.

[1] Rapport de M. Borely la Sapie, président de la Chambre consultative d'agriculture d'Alger.

CINQUIÈME LETTRE.

Les Kabyles ou Berbères. — Seul élément indigène apte à développer et à aider la colonisation.

L'expérience des dernières années nous a montré à quel degré inouï d'abaissement la race arabe était tombée : nous avons vu son impuissance et sa décrépitude ; tournons maintenant nos regards vers le Jurjura (*Mons ferratus,* comme l'appelaient les Romains) ; pénétrons au cœur de la Kabylie, et demandons à ces fières montagnes le secret d'une prospérité qui contraste avec la désolation et les ruines amoncelées dans la plaine.

Le Kabyle ou Berbère est autochtone; il est le descendant de ces Lybiens dont les investigations de la science n'ont pas encore réussi à fixer l'origine (¹). Établi en Afrique depuis un temps reculé, la domination n'a pu l'arracher au sol : Carthaginois, Romains, Grecs du bas empire, Vandales (²), Arabes, tous les peuples ont tour à tour éprouvé son courage; la race aborigène s'est mêlée à la race des vainqueurs, et son caractère indépendant a résisté à toutes les invasions dont l'Afrique a été le théâtre.

Une erreur commune a confondu pendant longtemps les Arabes et les Kabyles : on ne distinguait pas entre les conquérants nomades qui n'ont rien fondé, rien fécondé, et les Berbères indigènes et sédentaires, restes d'un peuple civilisé et agricole. Les savants travaux du colonel Carette (³) et du docteur Warnier (⁴), ont jeté la lumière sur cette question, et il n'est plus permis aujourd'hui de confondre deux races

---

(¹) Communication du général Faidherbe à la Société de Climatologie d'Alger (séance du 28 septembre 1869).
(²) Dureau de La Malle.
(³) Colonel Carette, *Études sur la Kabylie*.
(⁴) Warnier, l'*Algérie devant l'Empereur*.

dont l'origine, la tradition et les coutumes démontrent les différences profondes et les oppositions manifestes.

Un ouvrage considérable s'imprime en ce moment à Paris, sous les auspices et avec le concours du gouvernement, qui renferme, en même temps que la statistique générale et l'histoire de la Kabylie, des renseignements inédits et précieux sur le droit et les coutumes de ce peuple remarquable. Je dois à l'obligeance de l'un de ses auteurs, M. Letourneux, conseiller à la Cour d'Alger, des indications et des documents qui donneront à cette esquisse rapide le relief et la sanction d'une certitude éprouvée par de laborieuses recherches ([1]).

On peut dire que toute la partie montagneuse de l'Algérie, dans les trois provinces d'Oran, d'Alger et de Constantine, est habitée par des Kabyles, et la communauté d'origine se reconnaît à ce signe, que la population sédentaire de ces contrées parle encore un des dialectes de la

---

[1] *La Kabylie et les coutumes Kabyles*, par le colonel Hanoteau et M. Letourneux, conseiller à la Cour impériale d'Alger.

langue primitive; mais, à mesure qu'on s'éloigne du Jurjura, les traits distinctifs de la race se modifient. M. Warnier n'estime pas à moins d'un million les Berbères restés purs, tandis qu'il fixe à douze cent mille les Berbères arabisans (¹).

Nous allons examiner les Kabyles au triple point de vue religieux, politique, économique, cherchant par dessus tout à saisir et à signaler les caractères essentiels qui séparent l'une de l'autre, et radicalement, les deux races indigènes, Arabes et Berbères. Cette étude nous révèlera la cause persistante d'une haine que la communauté de religion et des efforts persévérants n'ont pas réussi à dominer.

Le Kabyle professe la religion musulmane; mais, à la différence de l'Arabe, dont le fanatisme superstitieux exclut toute mesure, il est tolérant jusqu'à l'indifférence. Ces sentiments se manifestent dans la pratique et l'observance journalière des préceptes du Coran; ainsi « le » Kabyle ignore les prières et observe mal le

---

(¹) Jules Duval, *Politique de l'Empereur en Algérie*, p. 26. — Warnier, l'*Algérie devant l'Empereur*, p. 14.

» jeûne (¹). » On dirait que ce peuple énergique et rebelle garde encore le souvenir des luttes répétées sous lesquelles il a succombé. « Les
» Berbères apostasièrent douze fois ; et chaque
» fois ils soutinrent une guerre longue et
» cruelle contre les musulmans ; ils n'adoptè-
» rent définitivement l'islamisme que sous le
» gouvernement de Mouça-Ibn-Noceir (²). » —
M. le prince Bibesco, qui a publié dans la *Revue des Deux-Mondes* une série d'articles fort remarqués sur les Kabyles, cite un trait caractéristique de l'indifférence religieuse du Berbère. Nous reproduisons ses propres paroles : « Le
» Kabyle, dit-il, est un musulman sans fana-
» tisme ; au besoin il ne craint pas de faire
» l'esprit fort. S'il a trop soif pendant le rhama-
» dan, il se mettra volontiers un morceau de
» glace dans la bouche, sous prétexte que ce
» n'est ni boire ni manger. »

Abd-el-Kader, au nom de Dieu et du prophète, essaya en vain d'attirer à lui les contingents Berbères et de lancer à sa suite leur infanterie

(¹) Daumas, *La Grande Kabylie*, p. 55.
(²) Henri Verne, *La France en Algérie*, p. 29.

redoutable contre les chrétiens. Il était venu en personne dans la montagne, précédé de cette majesté qui s'attache à une grande renommée. A ses exhortations religieuses et passionnées, les Kabyles, quand il parla d'impôts pour la guerre sainte, lui répondirent : « Oui, nous » donnerons le zechat et l'achour, mais nos » zaouias les recueilleront, et nos pauvres en » profiteront. Telle est notre habitude (¹). »

Il ne faudrait pas croire, cependant, que l'indifférence du Kabyle autorise l'espoir d'une conversion prochaine. Toute tentative de prosélytisme amènerait, sans aucun doute, une prise d'arme et une conflagration terribles. En religion, du reste, les peuples vont toujours du composé au simple, et la Trinité catholique ne saurait prévaloir, chez les Kabyles, contre le Dieu unique de Mahomet. La propagande chrétienne serait tout aussi inutile que dangereuse.

En territoire arabe, le Coran est le livre unique et par excellence : il règle tout à la fois

---

(¹) Daumas, *La Grande Kabylie,* p. 193.

et souverainement le droit pénal et le droit civil, la politique et la religion. Son texte est immuable et sacré, et tout progrès se heurte contre l'inviolabilité silencieuse de la parole divine. Chez les Kabyles, au contraire, le citoyen se dégage du croyant, et, s'il respecte comme la base de sa foi l'œuvre inspirée du prophète, le peuple ne reconnaît dans ses rapports politiques et sociaux d'autre maître et d'autre loi que la coutume. Le Coran est fermé à tout changement. La coutume change au gré des besoins et de la volonté populaires. Qui ne voit les différences profondes qui séparent les deux races? L'Arabe, lié par une loi immuable comme les textes, ne peut modifier ses pratiques et son droit qu'en modifiant le dogme : le Kabyle, maître de sa coutume, peut toujours demander au consentement public des changements utiles et progressifs.

Le Kabyle est républicain jusqu'à l'individualisme, et on peut dire qu'il n'existe nulle part un gouvernement plus démocratique. La Kabylie est, selon l'expression judicieuse du général Daumas, « une sorte de Suisse sauvage (¹) » organisée en république municipale; autant de villages, autant de cantons indépendants et séparés, mais que le jour du péril réunit dans une confédération commune. Chaque village se gouverne lui-même, librement, et par sa djemâa. La djemâa est l'assemblée des citoyens aptes à porter les armes. Son autorité est illimitée et souveraine; elle réunit et confond les trois pouvoirs législatif, exécutif et judiciaire.

Législatif : La djemâa fait la loi et modifie au besoin la coutume générale dont l'origine, mêlée aux origines du peuple, remonte aux temps les plus reculés.

Exécutif : C'est la djemâa qui décidait des questions de paix et de guerre; c'est elle qui fixe encore et perçoit l'impôt (²). Chaque année

---

(¹) Daumas, *La Grande Kabylie*, p. 44.
(²) Contrairement aux Arabes, qui apportent les impôts à leur Sultan, les Kabyles les apportent à leurs mosquées. — « On les emploie à entretenir les écoles, à secourir les
» pauvres, à secourir les voyageurs et défrayer le culte, à
» donner l'hospitalité, à acheter de la poudre et des armes
» pour les malheureux du village qui sont appelés, comme
» les autres, à marcher au combat. » (Daumas, *La Grande Kabylie*, p. 57.)

un amine est élu par la djemâa, et cette dignité honorable impose plus de devoirs qu'elle ne confère d'autorité véritable. C'est l'universalité des citoyens qui renferme l'universalité des droits et des pouvoirs. L'amine préside la djemâa ; il lui dénonce les délits et les contraventions. Il veille au maintien de la tranquillité ; il fait exécuter les travaux publics et les sentences judiciaires ; enfin, il prend soin des étrangers confiés à l'hospitalité du village. En temps de guerre, autrefois, la tribu choisissait pour chef un de ses membres, qui prenait le titre d'amine des amines. Investi de pouvoirs militaires absolus, il déposait la dictature avec les armes. Aujourd'hui, l'amine des amines n'est plus qu'un fonctionnaire qui sert d'intermédiaire entre l'autorité française et les Kabyles, et l'initiative de la vie publique continue à résider au sein de l'assemblée populaire.

Judiciaire : En principe, et le plus souvent, la djemâa rend la justice ; mais quelquefois, à raison des difficultés et des lenteurs d'un semblable système, la djemâa renvoie la cause et les parties devant des arbitres. Dans la grande

Kabylie, l'institution des cadhis, essentiellement contraire aux principes populaires de ce peuple démocratique, tomberait bien vite sous la haine et le mépris. Le gouvernement français a cru pouvoir imposer à la petite Kabylie l'organisation judiciaire acceptée des Arabes. Des cadhis ont été établis; mais leur autorité inspire aux populations une défiance et une répulsion qu'ils ont plusieurs fois et hautement manifestées (1).

Nous voilà bien loin de l'organisation politique du peuple arabe. Qu'on compare l'autorité absolue du grand chef, son despotisme, ses exactions odieuses et son ingratitude, avec cette sorte de puissance honorifique, librement con-

---

(1) Chaque village possède son Kanoun, qui n'est en général qu'un tarif d'amendes et une sorte de Code pénal. Il contient aussi parfois des dispositions de droit civil avec ou sans sanction pénale. On pourrait facilement réunir, en les codifiant, tous les éléments de la coutume ou des usages locaux, et former ainsi un corps de doctrine applicable dans toutes les parties de la Kabylie. Ce serait un grand bienfait.

MM. Hannoteau et Letourneux ont déjà recueilli avec un soin et une patience admirables le plus grand nombre des Kanoun aujourd'hui en vigueur.

sentie, et qui exclut, par son origine même et par son principe, toute apparence de domination. Le Kabyle est si bien attaché à son indépendance individuelle, qu'il la place même au dessus de sa foi. L'histoire de la conquête nous en fournit un témoignage saisissant dans cette fière réponse lancée comme un défi à la face d'Abd-el-Kader : « Vous vous êtes annoncé chez
» nous en qualité de pèlerin, et nous vous avons
» offert la diffa. Cessez ce langage dont vous
» pourriez mal vous trouver ; sachez bien que
» si vous étiez venu comme maghzen (gouver-
» neur), au lieu de couscoussou blanc, nous
» vous aurions rassasié de couscoussou noir
» (poudre) (¹). »

Au point de vue économique, la différence des deux races se manifeste de la façon la plus éclatante, et, de même que l'indifférence religieuse et l'organisation politique, en rapprochant le Berbère de son origine, le dispose à notre civilisation, de même les pratiques économiques de ce peuple vont nous montrer ses

---

(¹) Daumas, *La Grande Kabylie*, p. 193.

tendances et son aptitude vers un état meilleur.

La paresse est une honte aux yeux du Kabyle, elle est un honneur pour l'Arabe. Le Kabyle, fixé sur un sol montagneux et pauvre, pratique l'économie jusqu'à l'avarice. L'Arabe aussi est avare, mais vaniteux à l'excès; il devient prodigue quand il croit éblouir. L'Arabe est l'homme du troupeau, le Kabyle l'homme de l'arbre : « Je préfère voir un homme mort qu'un arbre coupé, » disait un chef Kabyle au général Lapasset (1). Les troupeaux sont rares en Kabylie; mais, pendant que l'Arabe abandonne les siens au hasard dans d'immenses espaces, le Kabyle, plus soigneux, construit des étables pour les abriter (2), et, à défaut de pâturages, il met en meule les feuilles du frêne, qui lui fournit ainsi comme une sorte de *prairies aériennes*. Le Kabyle cultive le figuier, qui est une source de fortune; l'olivier, « c'est la vache du pays (3); » le grenadier, le noyer, la vigne, le chêne à

---

(1) Baron Aucapitaine, *Les Kabyles*, p. 101.
(2) Warnier, l'*Algérie devant l'Empereur*.
(3) Bibesco, *Revue des Deux-Mondes*, 15 avril 1864-65.

glands doux, etc. Qu'on traverse les plaines sans fin habitées par les Arabes, qu'y voit-on? Des broussailles, la tristesse et l'abandon.

Le Jurjura, au contraire, est un véritable verger; mais, à la différence de l'Arabe, voyageur sans attaches, qui passe comme un étranger sur le sol qu'il quittera demain, le Kabyle, propriétaire du champ qu'il habite, y fixe irrévocablement sa maison, ses habitudes et sa vie. Il aime cette terre qu'il cultive, et, comme nos paysans, il s'efforce d'en reculer les limites.

Quand il n'est pas propriétaire, le Kabyle se livre au commerce et à l'industrie. Ce sont les Berbères du Sud (gens du Souf) qui arment ces puissantes caravanes qui vont au fond du désert chercher, au pays des Touaregs, enfants de la même race chassés par la conquête, les plumes d'autruche et les dents d'éléphant. Et ce peuple actif, laborieux, comprend à ce point combien l'ordre et la paix importent au commerce, que les marchés sont libres, exempts d'impôts et inviolables. « Chez les Arabes, un homme qui a
» commis un crime ou un délit peut être arrêté

» en plein marché. — Chez les Kabyles, les
» marabouts ne tolèrent ni arrestation, ni ven-
» geance, ni représailles (¹). »

Tout le commerce de colportage, en Algérie, est fait par les Kabyles du Jurjura, et spécialement par les hommes de la tribu des Zouaouas. — Le Kabyle, en outre, est jardinier, portefaix, journalier; c'est lui qui fait la moisson dans la Metidja; c'est lui qui écorce les chênes-liége presque partout.

Il bâtit des maisons, fabrique des pressoirs à huile; on trouve dans les villages des tisserands, des menuisiers, des forgerons, des armuriers, des maçons, des orfèvres. Une école des arts et métiers, que le gouvernement a eu l'heureuse inspiration de créer à Fort-Napoléon, est en pleine prospérité et donne la mesure de l'intelligence et de l'aptitude des Kabyles pour les travaux mécaniques. Parlerai-je enfin de l'industrie célèbre qui a si longtemps enrichi ces contrées, la fausse monnaie? Elle avait pris un si grand développement que les Turcs avaient,

---

(¹) Daumas, *La Grande Kabylie*, p. 55.

pour l'intimider et la réduire, édicté la peine de mort contre les faux monnayeurs. Efforts impuissants! Des Kabyles furent un jour surpris et arrêtés sur un marché, pendant qu'ils y écoulaient leurs produits. Le dey les prévient qu'il ferait grâce aux coupables si on lui livrait les matrices. Après de longs pourparlers, les Kabyles s'exécutent, les matrices sont remises au dey; mais, dans l'intervalle, ils en avaient fabriqué de nouvelles, et les prisonniers étaient à peine relâchés, que la fausse monnaie se répandait aussitôt sur les marchés. Voyant son impuissance, le dey offrit à ses redoutables voisins de leur donner dans la plaine les terres les plus fertiles et les plus belles; ils lui répondirent : « Nous sommes habitués à voir chaque » matin le Jurjura éclairé par le soleil levant et » à le saluer comme notre père; dis-lui qu'il » descende avec nous dans la plaine, et nous le » suivrons. »

Le Coran interdit le prêt à intérêt, et nous avons vu que l'Arabe, fidèle à la loi religieuse, enfouit son argent dans la terre. A l'inverse, le Kabyle prête non-seulement à l'année, mais au mois, à la semaine, à la journée, au voyage, même à la saison.

En droit musulman, le gage ne peut être constitué que par le dessaisissement de la propriété ; l'hypothèque y devient légalement impossible. Chez les Kabyles, au contraire, la coutume sanctionne et réglemente l'hypothèque. Elle s'établit verbalement en présence de témoins ou par écrit ; si la convention est verbale, elle doit, pour produire son effet, être suivie d'une prise de possession temporaire de l'immeuble affecté à l'hypothèque.

Enfin, le Coran emprisonne, dans le cercle étroit de conditions rigoureuses et solennelles, l'association. Chez les Kabyles, l'association se produit à tous les degrés, et affecte les formes les plus libres et les plus variées : ils admettent toutes les combinaisons possibles entre la terre, le capital, l'instrument et la main d'œuvre. On peut dire que l'association est la base du droit kabyle, et la pratique en est si répandue, que, même dans les parties du pays où la justice administrée par les cadhis s'inspire de la loi musulmane, les justiciables puisent dans les institutions nationales la règle de leurs rapports industriels et commerciaux.

Il me reste à parler de la moralité des Kabyles. Il faut ici faire une distinction : dans la grande Kabylie, la femme est à ce point respectée, qu'une parole inconvenante adressée à une femme était autrefois punie de la même peine que l'adultère accompli. Tout bâtard était mis à mort, et la mère partageait le sort de son enfant. Il y a des textes qui disent positivement : Si une jeune fille est enceinte, la famille, à son défaut la djemâa tout entière, doit la mettre à mort et la lapider. La tribu est atteinte et comme déshonorée par le déshonneur qui frappe un de ses membres. Aujourd'hui encore, et malgré la répression des conseils de guerre, le préjugé est si vivace, que la famille outragée, obéissant à la voix des kanouns qui l'appellent à la vengeance, se fait justice et punit les coupables.

Dans les tribus éloignées, les mœurs étaient moins sévères, et l'hôte qui recevait un voyageur, choisissant dans sa famille la femme la plus belle, la conduisait lui-même au nouveau venu pour *embellir* sa couche.

Chez les Touaregs, Berbères sans mélange, la femme est élevée au-dessus de l'homme ; l'enfant porte le nom de sa mère et suit sa condition. Est-il né d'un noble et d'une esclave, — il sera esclave. Son père est-il esclave, sa mère noble, — l'enfant est noble ; les dignités se transmettent non du père à son fils, mais du père au fils aîné de sa sœur. Hommage merveilleux et touchant à la femme régénérée et bénie !

Est-il besoin d'insister davantage ? Qui ne voit l'abîme infranchissable qui sépare le Kabyle de l'Arabe, — races ennemies qui n'ont entre elles de commun qu'une haine traditionnelle et violente.

D'un côté, le fatalisme inexorable, l'abus rigoureux de la force, le sacrifice complet de l'individu, la misère, le silence et la mort!... De l'autre, le droit social affranchi du dogme, la loi du travail obéie, la femme réhabilitée, une législation démocratique et virile, l'amour effréné de l'indépendance individuelle, l'égalité politique, la prospérité, l'action, la vie!... Aussi, pendant que l'Arabe alangui et corrompu agonise et se meurt, le Berbère, plein d'ardeur et de courage, remuant, laborieux, âpre au gain comme au travail, cherche à rajeunir ses forces et sa tradition au contact d'une civilisation nouvelle.

La famine de 1868 a fourni un témoignage mémorable des ressources et de la vitalité de ce peuple énergique. Il a résisté victorieusement au fléau, et 20,000 Arabes ont trouvé dans les montagnes un refuge assuré contre la mort et la faim.

Il n'est douteux pour personne que l'élément berbère est le seul élément indigène qui puisse seconder les efforts des colons et développer, sous leur direction, les sources fécondes de la richesse agricole. Il n'est douteux pour personne que le pouvoir civil, accueilli avec reconnaissance et comme un bienfait par les Kabyles, pourra être substitué, quand on le voudra, au régime militaire. Rien n'est plus aisé que de réunir, en les codifiant, tous les éléments de la coutume ou des usages locaux, et de former ainsi un corps de droit civil applicable dans toutes les parties de la Kabylie. Enfin, les institutions démocratiques des Kabyles, qui reposent, comme en France, sur le suffrage universel, établissent entre les deux peuples des similitudes remarquables et des rapprochements manifestes.

La population, du reste, étouffe dans la montagne. La terre manque aux bras, tandis qu'en dehors les bras manquent à la terre. Le flot comprimé demande à s'épancher librement.

Et cependant l'administration militaire, sous le vain prétexte d'insurrections chimériques, refuse avec obstination d'ouvrir à la colonisation et au pouvoir civil les portes de la Kabylie. Preuve nouvelle et décisive de l'impuissance et des vices d'un système sous lequel la colonie succombe. Quand donc écoutera-t-on la voix du bon sens, de la justice et du salut public?

Alger, 27 janvier 1870.

SIXIÈME LETTRE.

Le discours du maréchal Mac-Mahon au Sénat
(21 janvier 1870).

Le discours du maréchal Mac-Mahon au Sénat a produit à Alger un étonnement douloureux ; il est impossible de méconnaître davantage l'état réel et la situation du pays.

Le maréchal Mac-Mahon est assurément un des personnages les plus considérables du second Empire. La gravure et déjà la légende nous le montrent à Malakoff et à Magenta dans l'éclat de la victoire. Seul, au Sénat, il osait voter contre la loi de sûreté générale, courage bien audacieux dans ces temps d'énervement et de silence, où la voix d'un seul homme dictait à la nation tout entière son attitude et son langage!

« Solitudinem faciunt, pacem appellant. »

Pourquoi faut-il que ce grand nom, populaire à juste titre, se trouve compromis dans une politique dont l'impuissance et les fautes déshonorent le génie de la France?

Le maréchal, dans son discours, s'attache à démontrer : 1° Que les institutions libérales ne sont pas, autant qu'on le suppose, l'objet des vœux et des aspirations de l'Algérie;

2° Que la situation des indigènes est prospère;

3° Enfin, que les terres ne manquent pas aux colons.

C'est un programme complet, et il importe d'en discuter séparément, et une à une, chaque partie.

INSTITUTIONS LIBÉRALES.

« Je n'ai jamais entendu, dans les tournées » que j'ai faites, réclamer pour le pays des insti-

» tutions plus libérales (¹). » Est-il possible, en vérité, qu'une semblable parole soit tombée des lèvres du gouverneur général, publiquement, en plein Sénat, et devant cette même assemblée qui est en gestation d'une constitution nouvelle pour l'Algérie? Personne ne se plaint... Mais cette Constitution elle-même n'est-elle donc pas un témoignage manifeste des doléances unanimes et des protestations répétées de la France et de la colonie? Personne ne se plaint... Mais pourquoi, chaque année, ces discussions ardentes autour du budget de l'Algérie? Pourquoi l'enquête de M. Lehon? Pourquoi les pétitions au Sénat? Pourquoi cette agitation de la presse et ce trouble profond de l'opinion publique?

Il n'est bruit que de ces choses en Algérie. Tous s'en occupent, et attendent avec une fiévreuse impatience l'heure solennelle d'un débat public. Hier encore j'assistais à une réunion nombreuse d'hommes considérables, habitants d'Alger, propriétaires ruraux, publicistes et colons, occupés depuis six mois à rédiger comme

(¹) Discours du maréchal Mac-Mahon au Sénat, 21 janvier 1870.

nos pères les cahiers qui renferment leurs aspirations et leurs vœux. Et tout cela passe inaperçu aux yeux de M. le gouverneur général. La voix de l'opinion, trop longtemps étouffée par la dictature, éclate, et l'écho n'en arrive pas à ses oreilles! Mais, en vérité, les murs de son palais, refuge autrefois de despotisme et de ténèbres, auraient-ils retenu de leur destination primitive le terrible privilége de faire au dedans le mystère et le silence sur les bruits du dehors?

Par une étrange contradiction, le maréchal, emporté par l'évidence, termine son discours en appelant la bienveillance du Sénat sur les *institutions libérales* qui doivent, dans sa pensée, affermir et développer les progrès de la colonisation en Algérie. Il va plus loin : il sollicite de ses collègues un concours efficace, et il espère que la noble assemblée s'associera à ses vœux. Voici du reste ses propres paroles: « Je pense » que, grâce aux institutions plus libérales que » vous aurez à discuter d'ici à quelques jours en » sa faveur, et que *vous lui accorderez, je l'espère,* » ses progrès seront plus rapides encore. »

Est-il besoin d'insister davantage?

PROSPÉRITÉ DES INDIGÈNES.

« Ces considérations vous engageront peut-
» être à dire comme moi que nos populations
» indigènes ne sont ni mortes, ni complètement
» ruinées. »

Je ne sache pas que personne ait jamais prétendu le contraire. On a dit et on répète que la population indigène avait diminué dans des proportions inouïes. M. le gouverneur pouvait et devait, au lieu d'affirmations générales et vagues, indiquer au Sénat le chiffre exact de la population survivante, tribus par tribus, et fournir les états statistiques des Arabes existant aujourd'hui, soit en territoire civil, soit en territoire militaire. On a plusieurs fois mis l'administration en demeure de répondre catégoriquement ; elle n'a jamais répondu.

Voici quelques chiffres d'une exactitude incontestable ; ils sont puisés dans les documents officiels.

Le recensement de 1861, embrassant la

totalité des habitants de l'Algérie, en porte le nombre à.......................... 2,765,139

Le recensement de 1866 n'indique plus que........................ 2,652,072

En cinq ans, la diminution est de. 113,067

La décroissance de la population est un fait constant et régulier ; on estime que depuis la conquête le nombre des indigènes a diminué de moitié. Mais voici venir le sénatus-consulte de 1863. — Le royaume arabe est constitué. — Les indigènes vont sans doute se relever : espérances chimériques! Le sénatus-consulte, loin d'arrêter la décadence, la précipite ; la famine survient, et les Arabes, qui ne peuvent plus vendre leurs terres, meurent en masse.

L'administration militaire reconnaît que le fléau a fait 300,000 victimes, chiffre assurément respectable, et qui suffirait à lui seul pour condamner à tout jamais la politique qui a déterminé une semblable catastrophe; mais ce chiffre est-il exact? Tout concourt à démontrer qu'il est de beaucoup inférieur à la réalité. — On estime généralement à cinq cent mille au moins le nombre des Arabes enlevés par la disette de 1867-68, et des documents certains permettent d'établir que les calculs de l'administration ne sauraient être décisifs. Ainsi, au mois d'octobre 1867, le kaidat des Akermas-Cheragas (subdivision de Mostaganem) comptait environ 700 tentes renfermant une population de 14,000 habitants. Quelques mois après, le nombre des tentes n'était plus que de 300, et celui des habitants de 6,000.

Dans la subdivision d'Orléansville, le cercle de Zemora avait vu, dans le même espace de temps, sa population réduite de 35,000 à 21,000 habitants. Et veut-on un témoignage assurément bien sincère ? Voici comment s'exprime, au printemps de 1868, M. le général Lacretelle : » Dans la province d'Oran, le chiffre des victi- » mes s'élève déjà à plus de cent mille..... Le » cercle d'Ammi Mousa a perdu, à lui seul, la » moitié de sa population. » (La population de ce cercle était de 52,819 Musulmans.)

Après cela, on en conviendra, il est difficile de s'associer aux éloges du maréchal et de sanctionner sur la foi de son chef, quelque illustre qu'il soit, l'apologie d'une administration dont les faits attestent si hautement l'imprévoyance !

Voyons maintenant s'il est vrai, comme le prétend le gouverneur général, « que les indigè- » nes se relèvent de la crise effroyable qu'ils » ont traversée. » M. le maréchal fait un tableau complaisant de la prospérité des indigènes, et pour démontrer l'exactitude de ses affirmations, il insiste sur le chiffre sans cesse croissant des importations et des exportations ; mais est-ce bien au compte des Arabes ou à celui des Européens qu'il faut porter ces résultats ? Pourquoi n'avoir pas fait cette distinction, sans laquelle *il est absolument impossible* de démêler la vérité de l'hypothèse ? Mais, dit encore le maréchal, les troupeaux, source principale et féconde de la richesse indigène, se renouvellent ; « les patu- » rages ont été abondants, les animaux se sont » trouvés dans les meilleures conditions. » M. le maréchal avoue qu'il ne peut fournir le chiffre exact des têtes de la race ovine. On sait, cependant, que l'impôt du Zechat se perçoit par tête et par nature d'animaux ; et il eût été très facile à l'administration de représenter le tableau des existences actuelles. N'était-ce pas le seul moyen de juger par comparaison de l'augmentation ou de la diminution des troupeaux? En 1868, l'exportation a enlevé 351,541 têtes. — C'était l'année de la famine. — La production a-t-elle comblé les vides de cette consommation ruineuse et sans mesure? Nous savons très positivement que dans le sud les colons qui achètent d'ordinaire les troupeaux trouvent aujourd'hui les tribus dépeuplées.

M. le maréchal parle comme au hasard des moutons. Que ne parle-t-il aussi de la race bovine? Il est de notoriété publique, en Algérie, que les colons éleveurs de bestiaux ne *peuvent plus se procurer, dans aucune des trois provinces,* les animaux qui, autrefois, inondaient les marchés. Ils songent à s'approvisionner en Calabre, en Sardaigne ou en Piémont. Le fait est hors de contestation, et il se produit à Alger ceci de remarquable, que les bouchers de la ville sont obligés de faire appel à l'importation, ce qui n'avait jamais eu lieu.

Que penser, après cela, d'allégations dont la témérité ne résiste pas à l'examen, que dis-je?

à l'évidence. — Que les Arabes aient encore des ressources, — personne ne le conteste; mais ce qui ne peut pas être contesté davantage, c'est qu'ils n'ont pas reconstitué et qu'ils ne reconstitueront jamais la richesse et les troupeaux détruits par la famine.

TERRES DE COLONISATION.

Dans un pays ouvert à la colonisation, la première et la plus impérieuse nécessité de la politique est évidemment de tenir des terres à la disposition des émigrants. Le sénatus-consulte de 1863, qui constituait la propriété individuelle au profit des indigènes, ouvrait à la colonisation des horizons nouveaux. Salué comme un bienfait, il n'a pas tardé à devenir, dans les mains de l'administration militaire, un obstacle dangereux à l'expansion coloniale. Au nom même de ce pacte constitutif et par une fausse application de son esprit et de son texte, les terres réservées aux émigrants, et qui *faisaient partie du domaine de l'État,* ont été audacieusement détournées de leur destination véritable et abandonnées sans droit aux tribus indigènes.

Les renseignements qui suivent sont extraits de documents officiels que le docteur Warnier a eu la bienveillance de me communiquer et de mettre lui-même sous mes yeux. Que l'aridité de cette étude ne détourne pas l'attention de vos lecteurs; elle leur démontrera l'urgence et la nécessité d'une modification radicale dans l'administration de l'Algérie.

Au 31 décembre 1862, le domaine de l'État comprenait 892,616 hectares de terres dont il avait la libre disposition, et qui étaient destinés à la colonisation.

Dans la séance du 13 avril 1863, M. Baroche, ministre président le Conseil d'État, déclara *solennellement, au nom du Gouvernement, devant le Sénat,* que les terres du domaine de l'État qui étaient réservées aux émigrants ne recevraient, *sous aucun prétexte, une autre destination.*

Voici, du reste, les paroles mêmes de M. Baroche : « Ces 900,000 hectares, je ne sais par
» quelle illusion quelques personnes ont cru,
» dans la colonie, qu'on voulait les refuser à la

» colonisation *à venir*, tandis qu'ils lui sont, *au*
» *contraire, expressément réservés.* »

Voyons ce qui s'est passé :

En 1866, M. le maréchal, dans son rapport au Conseil supérieur du Gouvernement, s'exprime en ces termes : « En retirant 100,000 hec-
» tares cédés à la Société algérienne dans un
» but de colonisation, *il ne reste de disponible*
» *que 124,000 hectares.* » 124,000 hectares ? mais qu'est donc devenu le surplus ?

L'administration avait à sa disposition .... 892,616^h

Elle a livré à la Société algérienne.............. 100,000^h

Elle accuse un reliquat de..................... 124,000

Total......... 224,000^h 224,000

Différence en moins, ci.. 668,616^h

Comment a-t-on employé ces six cent soixante-huit mille hectares qui manquent, et qui, selon la parole solennelle de M. Baroche, ne pouvaient être *détournés, sous aucun prétexte,* de leur affectation spéciale à l'émigration ?

Et d'abord, quelle a été la cote-part de la colonisation dans ces 668,616 hect.? Les documents officiels vont nous l'apprendre.

Au 31 décembre 1862, le relevé général des concessions de terre effectuées par l'État s'élève, depuis l'origine de la conquête, à 425,391 hect.— Quatre ans après, au 31 décembre 1866, le même relevé porte le chiffre des terres concédées à 463,604 hect., d'où la conséquence que, dans ces quatre années, 38,213 hect. seulement de la réserve coloniale ont été affectés à la colonisation.

En tenant compte de ces 38,213 hectares, le déficit reste définitivement fixé au chiffre encore très considérable de 630,000 hectares.

Déficit constaté ci-dessus. 668,616 hectares.
A déduire, terres livrées à
la colonisation, de 1863 à 1866   38,213   —
                                  ‾‾‾‾‾‾
    Déficit définitif...   630,000 hectares.

Quel emploi en a-t-on fait?

Voici comment M. le maréchal justifie devant le Sénat la conduite de son administration :

1° 100,000 hectares prélevés sur les territoires azel ont été attribués aux indigènes. — Les azel sont des terres appartenant au domaine de l'État et qui étaient louées, et louées aux enchères publiques, à ceux qui les cultivaient.

Pour quelle raison, et de quel droit, le gouvernement de l'Algérie a-t-il fait aux indigènes semblable attribution, et cela au détriment tout à la fois du domaine de l'État et de la colonisation?

Le maréchal nous en fournit une double explication.

Premièrement, « les tribus à qui on a concédé » les terres azel les cultivaient *pour leur compte* » depuis un temps reculé. »

Est-ce que le locataire ne jouit pas pour son compte?

Est-ce que le fermier ne cultive pas pour son compte?

Et cependant, quel est celui qui oserait se prétendre propriétaire d'une maison ou d'un champ qu'il détient à titre de locataire ou de fermier? N'est-ce pas, en même temps que la base fondamentale de notre droit, une règle élémentaire de bon sens, « que nul ne peut se changer à soi-même la cause et le principe de sa possession ? »

Deuxièmement : « Mais, ajoute le maréchal, » les tribus avaient les tombeaux de leurs » ancêtres dans les lieux qu'elles habitaient. »

Que l'administration respecte les tombeaux ; qu'elle concède même tout autour une zone de terres, rien de mieux. Mais est-ce à dire que parce que les tribus locataires des azel avaient enterré leurs morts dans les champs appartenant au domaine de l'État, elles avaient par là même acquis un droit quelconque sur les terres environnantes ? Et l'administration pouvait-elle dépouiller à leur profit le domaine de l'État et spolier, sous couleur d'humanité, la colonisation ? Ce n'est pas soutenable.

2° 250,000 hectares ont été abandonnés de la même manière, et pour les mêmes raisons, aux tribus établies sur les terres Maghzen. Ces terres, comme les azel, appartenaient au domaine de l'État. Les maghzen étaient des milices nationales que les Turcs avaient recrutées dans le pays, et qu'ils avaient établies sur des terres appartenant au Beylick (domaine de l'État), pour y assurer la police et la tranquillité des contrées voisines.

3° 250,000 hectares environ ont été rendus aux indigènes. Depuis un temps éloigné, et dès avant 1862, ces terres étaient entrées dans le domaine de l'État par la voie du séquestre.

« Pouvez-vous blâmer la levée du séquestre ? »

A cette interrogation du maréchal, le Sénat aurait pu, et certainement il aurait dû répondre, en ordonnant purement et simplement la lecture des articles 5 et 7 de son sénatus-consulte de 1863.

Ces articles sont ainsi conçus :

> Art. 5. — Sont réservés les *droits de l'État à la propriété des biens du Beylick* (domaine) et ceux des propriétaires de biens Melck.
> Sont également réservés le domaine public tel qu'il est défini par l'article 2 de la loi du 16 juin 1851, ainsi que le *domaine de l'État.*
> Art. 7. — Il n'est pas dérogé aux autres dispositions de la loi du 16 juin 1851, notamment à celles qui concernent l'expropriation pour cause d'utilité publique et *le séquestre*.

Le maréchal, comprenant bien que toutes les raisons qu'il avait à donner, pour justifier les actes de son administration, ne pouvaient pas la sauver d'un blâme sévère, a essayé de se retrancher derrière les instructions du ministère de la guerre (11 juin 1865); mais ces instructions, de quelque façon qu'on les interprète, n'ont pas pu avoir cette signification et cet effet d'anéantir d'une façon détournée, et pour ainsi dire en cachette, les engagements solennels pris par M. Baroche devant le Sénat, au nom du gouvernement tout entier. Une telle supposition n'est pas discutable. Que penser, en effet, d'un démenti ainsi donné, le 11 juin 1863, par le ministre de la guerre, aux paroles prononcées par son collègue à la face du pays, le 13 avril précédent, c'est à dire moins de deux mois auparavant!

Le maréchal ajoute : « Mon administration a » appliqué le sénatus-consulte dans son esprit. »

L'esprit du sénatus-consulte, répondrons-nous, était par-dessus tout de réserver et de réserver expressément à la colonisation les 892,616 hectares de terres appartenant à l'État.

Il suffit, pour s'en convaincre, de relire le rapport de M. Casabianca et la discussion qui l'a suivi.

Il faut, en vérité, avoir une bien triste opinion du Sénat pour lui prêter des intentions qui auraient tourné à l'anéantissement de son œuvre. Car, il importe de le répéter, le sénatus-consulte, dans la pensée de ses auteurs, était destiné à développer la colonisation, et l'application qu'on en a faite a compromis, au contraire, et pour longtemps, ses progrès.

Le maréchal, après avoir expliqué les actes de son administration, déclare au Sénat que les opérations du sénatus-consulte ont fait et feront ressortir, au profit du domaine de l'État, de nouvelles terres. Il faut se garder de confondre ce nouveau domaine avec l'ancien : ils n'ont entre eux rien de commun, et je ne saurais mieux faire que de reproduire à cet égard les réflexions consignées dans les cahiers des trois provinces :

« Il importe que ce nouveau domaine, sous le
» prétexte qu'il est disséminé et momentanément
» peu utilisable par la colonisation, ne soit pas
» détourné de sa destination comme le premier.
» C'est pourquoi le Corps législatif doit exiger
» qu'il ne soit pas aliéné sans son consente-
» ment. »

En résumé, il nous semble que M. le gouverneur général, dans les comptes qu'il a rendus au Sénat, a laissé grande ouverte la porte aux critiques et aux reproches, et quelque déférence qu'un personnage de ce rang et de cette valeur puisse inspirer, il n'est pas permis au pays de rester indifférent et de se taire. L'histoire, qui ne marchande pas plus l'admiration que le blâme, aura des paroles sévères pour ceux qui, dans la conspiration du silence, ont cherché et cherchent encore à édifier sur les ruines de la colonisation une autorité sans contrôle et un pouvoir sans limites.

Alger, 10 février 1870.

SEPTIÈME LETTRE.

Les cahiers de l'Algérie (un volume en vente chez Chalamel, libraire-éditeur, Paris).

Chaque fois que devant les Chambres la discussion s'engage sur l'Algérie, il est facile de constater que toutes les sympathies demeurent impuissantes, et que, parmi les députés, ceux-là même qui sont le plus devoués à la colonie ne peuvent utilement défendre contre les ministres une cause dont les mille détails leur échappent. Comment en serait-il autrement? Il n'est pas de question plus complexe et moins connue que la question algérienne.

Depuis dix-huit ans, les efforts du gouvernement et de l'administration militaire tendent à tout embrouiller ; à chaque session nouvelle, les choses changent d'aspect, et il devient impossible de percer le mystère dont le pouvoir s'environne. La presse est réduite au silence; les réunions sont interdites; le gouvernement parle seul, et si parfois quelqu'un de ces hommes dont le dévouement égale le talent se présente à la tribune pour protester contre les abus sous lesquels le pays succombe, tous ses efforts se heurtent contre d'insaisissables fantômes; les affirmations téméraires ont dans la bouche des ministres facilement raison des arguments les plus justes, des faits les plus certains, et tout l'échafaudage d'une discussion laborieuse s'écroule alors dans le vide. N'a-t-on pas vu, par exemple, M. Rouher prétendre qu'en Algérie les officiers du bureau arabe parlaient seuls la langue du pays, alors qu'il est ici de notoriété publique, comme on l'a démontré depuis, mais trop tard, que plus de *dix mille* européens parlent très bien l'arabe ? Plus récemment encore, n'a-t-on pas entendu les incroyables affirmations du gouverneur général? Qui aurait pu se lever pour répondre? Et n'est-il pas évident que dans l'intérêt de la justice, du bon sens et de la vérité, il est indispensable que les Algériens prennent enfin part aux débats dans lesquels on agite les intérêts de leur pays?

Ce n'est pas tout, et beaucoup de députés ont depuis longtemps et à plusieurs reprises manifesté le désir qu'un travail embrassant l'ensemble des réformes jugées nécessaires fût entrepris, qui pût leur permettre de connaître exactement les moyens pratiques de modifier une situation déplorable.

Obéissant à ces conseils, le docteur Warnier, l'un des vétérans les plus respectables et les plus autorisés de la cause algérienne, a réuni autour de lui un groupe d'hommes distingués, pratiques et indépendants. On éprouve un sentiment de tristesse en pensant que tant d'efforts, de dévouement et de lumières, demeureront sans doute impuissants et dédaignés! Quoi qu'il en soit de ce concours empressé de recherches et d'études, une œuvre s'est dégagée qui estera comme un monument de sagesse et de bon sens.

Dans une introduction remarquable, les *Cahiers* déclinent formellement, au nom du droit et des principes, la compétence du Sénat; ils reconnaissent au Corps législatif seul le pouvoir de disposer désormais des destinées de l'Algérie! Ces réserves faites, réserves trop bien justifiées par les travaux d'une commission dans laquelle l'Algérie ne comptait pas un représentant, les *Cahiers* formulent, par voie d'amendement au budget, une série de réformes qui contiennent un programme complet de reconstruction politique, administrative et judiciaire.

Ils réclament, comme base fondamentale de toute réorganisation salutaire :

1° La suppression du gouvernement militaire, et, par voie de conséquence :

La suppression des bureaux arabes ([1]).

L'opinion est faite en France, aussi bien qu'en Algérie, sur cette institution funeste. On peut dire qu'elle est comme la clef de voûte du

---

([1]) *Cahiers algériens*, p. 33.

système : les bureaux arabes supprimés, l'édifice s'écroule.

2° La suppression de cette distinction artificielle du pays en territoires civils et territoires militaires, source de tant d'abus et de vexations. Qu'on se le rappelle : 500,000 Arabes sont morts de faim en territoire militaire! En territoire civil, au contraire, les indigènes comme les colons ont résisté au fléau ([1]).

3° La suppression des commissions disciplinaires et des tribunaux d'exception pour les crimes et les délits commis par les indigènes.

« Avec une justice dans la dépendance abso-
» lue des généraux, on cache ce que l'on veut
» laisser ignorer; témoins le massacre de la
» carabane de Tebessa, témoin l'affaire de Dra
» el Mizan, témoin même le crime du capitaine
» Doineau, qui fût probablement resté impuni
» si le principal coupable ne s'était trompé de
» quelques mètres sur la limite du territoire où
» il a accompli son attentat ([2]). »

4° La réduction du corps d'occupation de

([1]) *Cahiers algériens*, p. 26.
([2]) d° d° p. 103.

60,000 à 45,000 hommes. Pourquoi ces 60,000 hommes, disait le maréchal Niel, devant le Corps législatif? « Parce qu'un grand nombre » sont détournés de leur service et de leur ins- » truction dans l'intérêt de la colonie (¹). »

L'intérêt de la colonie? Pourquoi n'avoir pas dit plutôt : les exigences et l'intérêt de l'administration militaire.

Voilà ce qu'il importe de détruire d'une main résolue et à tout jamais ; l'Algérie n'est pas une valétudinaire dont la santé demande de simples palliatifs ou quelque drogue empirique. Il lui faut des remèdes énergiques et violents en harmonie avec son tempérament mâle et robuste.

Plus de demi-mesures ; le temps en est passé : qu'on se décide enfin à couper le mal dans sa racine.

Les rédacteurs des *Cahiers* ne se bornent pas à démolir, et le système qu'ils proposent de substituer pour l'avenir aux traditions du passé, peut se résumer en deux mots : retour pur et

---

(¹) *Cahiers algériens,* p. 97.

simple au droit commun. Les *Cahiers* ne contiennent pas seulement un exposé sommaire, par masse et à grands traits, de l'organisation nouvelle; ils pénètrent, et c'est là ce qui constitue l'originalité de ce grand travail, dans les détails les plus minutieux : chaque disposition législative est accompagnée d'un commentaire qui résume complètement et en peu de mots l'état de la question et les raisons de décider. On comprend qu'il nous est impossible de reproduire ici, même en substance, toutes les parties de cet important manifeste.

En voici un aperçu rapide :

1° Le pouvoir central est représenté, en Algérie, par un gouverneur de l'ordre civil [1].

Dans le projet de la commission remanié par le ministère et envoyé au conseil d'État, on donnait à l'Algérie une sorte de satisfaction. « Le gouverneur, disait-on, pourra être civil ou militaire. » Étrange satisfaction! Tout entière dans la forme et à la surface! Ce compromis équivoque n'était pas de nature à calmer les

[1] *Cahiers algériens*, p. 21.

inquiétudes et à conjurer un mal dont on perpétuait la cause organique et constitutionnelle!

Le projet de Constitution élaboré à huis-clos et en famille par un groupe de sénateurs et de personnages prévenus contre le régime civil, a eu, grâce à Dieu, le sort qu'il méritait. Le Corps législatif a tranché la question, et, par son vote mémorable, il a décidé en principe que le gouvernement militaire, jugé par ses fruits, devait à jamais disparaître. Quoi qu'il en soit, il est impossible de méconnaître l'importance de ce document : Il résume un système dangereux de concessions apparentes, et nous avons des raisons de penser que, modifié dans la forme, il sera de nouveau mis en lumière, proposé et défendu au Corps législatif et au Sénat par les adversaires irréconciliables de la colonisation.

2º « L'administration provinciale, création » d'exception, est remplacée par l'administra- » tion départementale de droit commun (¹). »

On retrouve dans le projet de la commission une disposition analogue ; mais là encore le mi-

---

(¹) *Cahiers algériens,* p. 26.

rage est trompeur. La commission, en effet, consacre de nouveau la distinction des territoires en civils et militaires; elle va même plus loin : elle organise à côté des départements de droit commun des départements indigènes et d'exception : c'est une audacieuse innovation qui perpétue, en le fortifiant, le système que les *Cahiers*, l'opinion publique et l'expérience, répudient comme la source de tous les abus et de tous les malheurs. Les départements indigènes seraient administrés par des généraux, avec le concours des bureaux arabes. Les territoires ainsi gouvernés resteraient, comme devant, frappés de main-morte au profit du régime militaire. La Kabylie, par exemple, cette contrée si laborieuse et si prospère, qui est toute prête à l'assimilation, qu'on peut ouvrir demain, aujourd'hui, aux institutions du droit commun, continuerait à subir un joug qui l'énerve. L'avenir comme le passé serait pour longtemps compromis.

3° « Les Conseils généraux des trois provinces
» sont nommés à l'élection, et leurs attributions
» mises en harmonie avec celles des Conseils

« généraux de la métropole (¹). » L'origine de la représentation nationale ne peut pas être régie d'une façon différente en France et en Algérie, et l'élection doit nécessairement reposer sur les mêmes principes. Et cependant, la commission propose d'attribuer aux indigènes, qui ne sont pas citoyens, un droit inséparable de cette qualité. M. de Forcade a soutenu cette thèse au Corps législatif. La presse a été unanime à la repousser, et nous espérons qu'elle ne rencontrera dans les chambres françaises aucun écho. C'est un piége dont le bon sens, cette fois, et la réprobation publique feront assurément justice.

Les surprises du suffrage universel n'ont manqué à aucun parti politique depuis qu'il fonctionne. C'est une leçon dont on doit profiter. Conférer le droit d'élection à des populations qui ne parlent pas même notre langue, ce serait renouveler la chimère du royaume arabe et ruiner à jamais la colonisation !

4° « Les tribus indigènes sont formées en » communes et administrées par des maires et

---

(¹) *Cahiers algériens*, p. 28.

» des adjoints sous la surveillance des pré-
» fets (¹). »

La commission abandonne, comme par le passé, les populations indigènes au pouvoir discrétionnaire des bureaux arabes et des grands chefs. L'expérience, cependant, a été faite, et elle a réussi : qui empêcherait d'étendre la mesure à tout le territoire? Depuis M. Jérôme David jusqu'à M. Jules Favre, tous ceux qui ont parlé de l'Algérie, et qui la connaissent, s'accordent à reconnaître que l'institution des grands chefs est déplorable. M. Jérôme David les appelle « des coupeurs de routes », et personne ne s'est offert à contredire ce jugement sévère (²). Plus récemment, à Constantine, M. Jules Favre, dans une merveilleuse improvisation, flétrissait avec indignation « le joug arbitraire » des grands chefs, et ses paroles rencontraient partout dans l'assemblée un assentiment unanime. Nous n'avons plus en France ni barons, ni serfs, et c'est

(¹) *Cahiers algériens*, p. 33.
(²) « Tant que vous ne supprimerez pas les grands chefs
» militaires et religieux, l'amélioration de la condition indi-
» viduelle de l'indigène sera irréalisable. » (*Moniteur* du
10 août 1865, M. Jérôme David.)

6.

au nom de la France que les priviléges abolis par nous et chez nous seraient imposés aux populations indigènes?

5° « Les contributions arabes sont supprimées » et remplacées sur tout le territoire par l'impôt » foncier (¹). »

6° « Il sera rendu compte annuellement, au » Corps législatif, de la situation du domaine de » l'Etat ; il ne peut être aliéné qu'au profit de » la colonisation (²). »

On sait avec quel sans-gêne inouï l'administration militaire, malgré l'Empereur, malgré ses ministres, a disposé des 900,000 hectares solennellement réservés à l'émigration ; un pareil abus est sans excuse, et le Corps législatif, dans l'intérêt public, a le droit d'en prévenir le retour.

7° « Liberté de la presse (³). »

8° « Liberté de réunion. »

L'Empire ne peut pas marchander à l'Algérie des droits qu'il va être forcé de concéder à la France.

(¹) *Cahiers algériens*, p. 47.
(²)   d°   d°   p. 55.
(³)   d°   d°   p. 24.

En résumé, les rédacteurs des *Cahiers,* interprètes autorisés et fidèles des sentiments de leurs concitoyens, demandent pour l'Algérie l'application du droit commun. Ils veulent à tout prix qu'on rompe enfin avec le système déplorable des lois exceptionnelles, des équivoques et des compromis. Tous les hommes dévoués à notre colonie et jaloux de sa grandeur doivent se rallier à ce programme. Il ne faut pas, en effet, qu'à l'ombre de transactions dangereuses, le pouvoir militaire, aujourd'hui condamné, se relève dans l'avenir plus menaçant et comme consacré par les mains de ceux qui se disent les restaurateurs de la liberté et du gouvernement parlementaire.

HUITIÈME LETTRE.

Terres de colonisation.

> « Pas de colonisation sans colons,
> » pas de colons sans terres ! »
> (Général Daumas.)

L'Algérie, si longtemps comprimée par un système énervant, va enfin secouer le joug du pouvoir militaire; un devoir s'impose à elle qu'il lui faut accomplir sans ménagements et au plus vite. Les 900,000 hectares promis à l'émigration ont été gaspillés; le domaine est sans réserves; la colonisation n'a plus d'aliment. L'administration nouvelle doit reconstituer sur-le-champ, en toute liberté, et résolûment, le patrimoine que le bureau politique a eu le triste courage d'aliéner.

Il ne suffit pas de faire appel à l'émigration, il faut avant tout que des terres soient mises à la disposition des émigrants ; il faut que chacun sache qu'en débarquant dans l'une des trois provinces, il trouvera, vite et à coup sûr, des espaces libres dont il pourra entreprendre immédiatement l'exploitation.

Le passé fournit, à cet égard, des enseignements dont on doit profiter. Aux premiers jours de la conquête, et plus tard, en 1848, les émigrants sont venus en foule : ils demandaient des terres, mais les terres manquaient ; on les vit bientôt reprendre le chemin de la France, découragés, appauvris, malades et maudissant d'amères illusions.

Dans un article remarquable, l'*Economiste français* (n° du 5 mai) a traité à un point de vue spécial cette question, qu'il appelle judicieusement le *nœud gordien de la question algérienne*. Nous voudrions, de notre côté, indiquer quels seraient, selon nous, les moyens les plus convenables de la résoudre

Directement..., par la revendication de ses droits dans le passé et dans le présent, le domaine pourra, si on lui en laisse enfin la faculté, reconstituer au profit de l'État un patrimoine considérable.

Indirectement..., par une assimilation progressive de la législation musulmane à la nôtre. Les transactions, devenues plus sûres et plus faciles, rendront à la culture d'immenses espaces aujourd'hui désolés, pauvres quoique fertiles, et qui semblent frappés d'une malédiction mystérieuse.

Nous allons examiner la question sous ce double aspect.

Ire PARTIE.

§ 1er. — *Terres de déshérence.*

Les dispositions de la loi musulmane sur les successions, dispositions consacrées par un usage immémorial et constant, font au domaine une part très belle et lui permettent d'augmenter rapidement ses ressources territoriales; jusqu'à ce jour, le pouvoir militaire s'est obstinément opposé aux revendications du domaine, opposition systématique et perfide qui, sous le vain prétexte de générosité, au nom de la paix publique et de la raison d'État, perpétuait à dessein le découragement et le malaise.

Certains esprits, partisans de l'assimilation absolue, demandent que notre législation soit déclarée, d'urgence, applicable aux indigènes, indistinctement et sans exception. Cette mesure nous paraît inopportune et dangereuse ; en ce qui concerne les successions, notamment, elle appauvrirait le domaine et apporterait par suite, et mal à propos, de nouvelles entraves à l'expansion coloniale.

Ce n'est pas tout, et le domaine soucieux de l'avenir doit l'être aussi du passé : depuis le sénatus-consulte de 1863, la famine a frappé l'Algérie : les Arabes sont morts en masse ; les tentes, autrefois compactes, sont aujourd'hui clairsemées ; des douars entiers ont disparu. L'Etat a des droits à faire valoir, droits importants qu'on méconnaît sciemment ; c'est un devoir pour l'administration civile de mettre un terme à ces abus.

Mais, dit-on, les opérations préliminaires du sénatus-consulte de 1863 ont tranché pour le passé toute difficulté ; — le domaine représenté dans les commissions chargées de délimiter les tribus n'a pas réclamé en temps utile, il est forclos. — Spécieuse en ce qui concerne les territoires délimités depuis la famine, l'objection est sans valeur pour ceux dont la délimitation a précédé ce lugubre événement. On dit encore : Que pourrait d'ailleurs revendiquer le domaine dans les terres *collectives* de tribus (terres arch)? La part des indigènes enlevés par le fléau a fait retour à la tribu elle-même, et tant qu'elle n'aura pas disparu, fût-elle représentée par un nombre ridicule de tentes et de familles, ce sont les survivants et non l'État qui doivent en profiter.

Il nous serait facile de rappeler ici au pouvoir militaire, en citant des documents officiels émanés de lui, que suivant les besoins du moment et de sa politique, tantôt il considère l'*arch* comme un droit collectif, tantôt au contraire comme un droit simplement indivis. Quoi qu'il en soit, et si dans les terres arch les revendications du domaine peuvent être contestées, ce que nous nions, on nous concèdera qu'il en est tout autrement pour les melk ; nous défions toute contradiction sur ce point ; au reste, on se méprendrait étrangement si on nous prêtait la pensée de vouloir, au nom du domaine, encombrer les tribunaux de ses réclamations. Nous avons la certitude qu'il suffirait d'élever la voix pour obtenir, à l'amiable et spontanément, des transactions honorables et fructueuses. Peut-on en dédaigner l'expérience ?

§ 2. — *Application de la loi de 1851 sur l'expropriation.*

La loi de 1851 sur l'expropriation permet à la colonisation d'étendre le cercle de son action et d'acquérir à peu de frais de vastes espaces. L'article 18 de cette loi est ainsi conçu : « L'ex-
» propriation peut être prononcée pour la fonda-
» tion des villes, villages et hameaux ; pour
» l'agrandissement de leur enceinte et de leur
» territoire ; pour l'ouverture des routes, des
» chemins et des canaux. » Ces dispositions ont une portée qui n'échappera à personne, et l'Algérie, si l'administration nouvelle n'y met

pas d'obstacles, peut y trouver le moyen de réparer, en quelque façon, les calamités d'une politique imprévoyante et versatile.

Il ne manquera pas de gens qui diront : c'est là un expédient draconien et comme une sorte de spoliation organisée. Assurément, si notre colonie n'avait pas vu ses terres livrées sans droit à ses ennemis, on pourrait prendre souci de ces doléances. Mais, qu'on y songe, les sensibleries d'une fausse philanthropie ne doivent pas prévaloir contre l'intérêt public. — L'expropriation est un droit : qu'on en use librement. Le développement de la colonisation, l'avenir de l'Algérie et sa prospérité en dépendent.

Mais, dira-t-on, qui fournira les fonds nécessaires au paiement des indemnités? L'État? Nous sommes de ceux qui pensent que la colonisation faite par l'administration, avec l'argent du budget, ne produira jamais de résultats sérieux et durables. C'est à l'initiative individuelle qu'il appartient, en Algérie comme aux États-Unis, au Canada, en Australie, dans les républiques Argentines, au Pérou, de préparer les études, de choisir les terres, d'appeler les capitaux, en un mot de diriger librement les efforts de la colonisation (¹).

Dans la commune d'Oued-el-Halegh, une société de propriétaires s'est déjà formée, qui s'occupe de créer avec ses ressources, et sans le secours de l'administration, des centres agricoles. Cet exemple est un enseignement : il prouve que les intérêts de l'Algérie n'ont nulle part de défenseurs plus actifs, plus pratiques et plus dévoués que parmi les colons eux-mêmes. Et ces colons si calomniés ne demandent à la France qu'une chose, la liberté.

En résumé, les terres peuvent être acquises par le domaine, s'il exerce ses droits ; par l'État ou par les sociétés privées (²), à l'aide de l'expropriation. Les fautes irréparables de notre politique ne permettent pas d'en commettre de nouvelles. Plus d'hésitation, le temps presse, il faut agir.

(¹) Voir : Jules Duval, *Politique de l'empereur en Algérie*, p. 132 et suivantes ; — J. Vinet, *le Droit commun pour les indigènes*, p. 73 ; — H. Verne, *la France en Algérie*, p. 50 ; *Cahiers algériens*, p. 31 et 74.

(²) Caisse de colonisation, Warnier, *l'Algérie devant l'opinion publique*, p. 162.

IIᵉ PARTIE.

§ 1ᵉʳ. — *Établissement de l'impôt foncier* (¹).

Les terres directement obtenues par les revendications du domaine ou par l'expropriation peuvent suffire, pendant quelques années, aux besoins les plus urgents ; mais ce seront là des ressources qui s'épuiseront vite, si, comme il faut l'espérer, la colonisation, favorisée par un régime intelligent, se développe. Le champ ouvert à l'émigration doit être élargi par des réformes depuis longtemps réclamées, toujours promises et indéfiniment ajournées.

L'établissement de l'impôt foncier en Algérie aura un double avantage : financier et politique.

Financier... l'impôt établi, on pourra, à l'aide de centimes additionnels, créer au profit des départements des revenus certains, et nous n'aurons plus le spectacle ridicule de budgets fantastiques dont les déficits sans cesse grandissant attestent l'artifice.

(¹) *Cahiers algériens*, p. 48 et suivantes.

Politique… d'anciens concessionnaires détiennent d'immenses espaces qu'ils laissent en friche, spéculant sur la plus-value de leurs terres ; affranchis de tout impôt, ils ne les cultivent pas ou les louent aux Arabes ; c'est un malheur public. L'impôt foncier obligera le propriétaire à cultiver ou à vendre : qu'il cultive ou qu'il vende, le résultat sera le même ; le travail développera des richesses que la spéculation et l'inertie stérilisent. Au besoin même, et si l'impôt foncier ne parvenait pas à vaincre d'injustes résistances, ne pourrait-on pas, à l'exemple des États-Unis, comme dans l'Arkansas, promulguer une loi qui frapperait d'une redevance progressive les terres incultes ? Ne l'oublions pas, nous sommes en présence d'une situation exceptionnelle, compromise, et qu'il faut à tout prix modifier. Les convenances personnelles s'évanouissent devant l'intérêt général. La loi américaine est une mesure de salut public et un moyen légitime de soustraire à l'incurie ruineuse de quelques privilégiés la source de la richesse nationale.

L'impôt foncier sera pour les indigènes un

bienfait : il remplacera le *zechal* et l'*achour*, dont l'assiette défectueuse paralyse la production. Sa perception régulière et commode préservera les malheureux Arabes de ces vexations incessantes, sources de tant d'injustices et d'abus. L'impôt foncier aura enfin l'inestimable avantage de faciliter les transactions. Au milieu du chaos législatif qui règle les droits des indigènes et rend si périlleux les contrats, le paiement de l'impôt foncier pourra bien souvent servir de guide et fournir dans les procès des renseignements mille fois plus sérieux que les titres suspects ou les témoignages contradictoires des témoins à gage.

§ 2. — *Système hypothécaire et transcription* (¹).

Il est acquis aujourd'hui en principe, que le système hypothécaire et la transcription seront appliqués aux Arabes comme aux Français. L'opportunité de cette mesure, dès longtemps réclamée et solennellement promise par le gou-

(¹) *Cahiers algériens,* p. 65.

vernement, éclate. Les transactions faites avec les indigènes (on ne l'a que trop fréquemment constaté) laissent la porte ouverte aux réclamations les plus inattendues et les plus dangereuses ; malgré des travaux consciencieux et une pratique journalière des droits compliqués des indigènes, l'organisation de la famille les rend si obscurs, qu'il est, la plupart du temps, impossible de démêler la vérité du mensonge et de la fraude. Le régime hypothécaire aura pour résultat de faire la lumière sur les spéculations équivoques. La transcription mettra un terme à l'abus scandaleux des actes antidatés ; elle fera cesser le commerce odieux des faussaires complaisants dont l'industrie déjoue toutes les recherches. Ce sera un moyen de multiplier les contrats, et les Européens pourront enfin acquérir en sécurité des terres au profit de la colonisation.

La jurisprudence, il est vrai, semble incliner aujourd'hui à reconnaître que la loi de 1855 sur la transcription, promulguée en Algérie, est opposable aux tiers, qu'ils soient indigènes ou européens. La 2º Chambre de la cour d'Alger a rendu récemment sur la matière une décision remarquable. Mais ce n'est là qu'une tendance qui peut être modifiée : il la faut au contraire consolider par un texte formel.

§ 3. — *Application du sénatus-consulte de 1863. — Constitution de la propriété individuelle.*

La constitution de la propriété individuelle, depuis longtemps et unanimement réclamée par les organes de l'opinion publique, en France et en Algérie, à la tribune et dans la presse, est attendue avec impatience. L'indivision indéfiniment perpétuée engendre et entretient le communisme de la tribu, source de la misère matérielle et du malaise moral sous lesquels la société musulmane succombe. Elle frappe de main-morte les immenses domaines des Arabes. La famine de 1867 en a fourni un exemple douloureux. Les indigènes mouraient de faim sans pouvoir vendre leurs terres. Ils ne trouvaient même pas à emprunter. Au nom de l'humanité, du progrès et du bien public, il importe de rompre ouvertement avec les pratiques odieuses d'une tradition démoralisatrice et malsaine.

La colonisation est prête à recueillir les fruits de cette révolution bienfaisante; les Arabes ont vingt fois plus de terres qu'ils n'en peuvent cultiver, et cependant les terres manquent aux colons. La constitution de la propriété individuelle ouvrira aux transactions un champ illimité; l'équilibre se fera au profit de tous. La colonisation, pourvue de ressources inépuisables, recevra enfin la récompense de ses efforts et de nos sacrifices, et l'Algérie maîtresse d'elle-même pourra développer les immenses richesses qu'une politique malveillante et maussade rend infécondes.

Le sénatus-consulte de 1863, conçu [1], présenté [2], voté [3] dans ce but, a tourné contre

---

[1] « Maîtres incommutables du sol, les indigènes pourront en *disposer à leur gré,* et de la multiplicité des transactions naîtront entre eux et les colons des rapports journaliers plus efficaces pour les amener à notre civilisation que toutes les mesures coërcitives. » (Lettre de l'Empereur au duc de Malakoff.)

[2] Rapport du maréchal Randon, ministre de la guerre, sur le projet de sénatus-consulte. — Exposé des motifs par le général Allard.

[3] Rapport de M. Casabianca au Sénat. — Discours de M. Chevalier et de M. Baroche.

les intentions de ses auteurs : il a servi jusqu'à présent à fortifier l'autorité du pouvoir militaire, et les espérances des colons ont bientôt fait place au découragement, et presque au désespoir. M. de dès Caupenne, dans l'article de l'*Economiste français,* que nous avons cité plus haut, indique une série de mesures simples et pratiques dont la réalisation serait un bienfait. Le gouvernement, de son côté, vient de prendre une décision dont l'importance n'échappera à aucun de ceux qui attendaient avec anxiété la solution du conflit élevé entre les bureaux arabes et le Conseil d'État. Au Conseil d'État qui disait : « Il faut que le partage soit fait entre tous les » membres de la famille, et la propriété divisée » en autant de lots qu'il y a de copartageants ; » les bureaux arabes répondaient : « Nous vou- » lons bien attribuer à la famille la part qui lui » revient, mais indivisément, et en laissant en » commun la jouissance. »

Qui ne voit que ce système, s'il avait prévalu, consacrait irrévocablement le communisme et ruinait à jamais la colonisation ? Il n'a fallu rien moins qu'une intervention directe de la volonté souveraine, pour mettre un terme à des controverses stériles. Le décret rendu par l'Empereur, le 31 mai dernier, sur la proposition du ministre de la guerre, donne gain de cause aux partisans de la colonisation contre ses ennemis. Les bureaux arabes ne peuvent plus résister, et il leur faut enfin procéder sérieusement cette fois, malgré eux et par ordre, à la constitution de la propriété individuelle. Voilà cependant à quelles mains la malheureuse Algérie est livrée ! Ne doit-on pas reconnaître que toutes les réformes proposées ou promises ne pourront être utilement réalisées que par des hommes nouveaux, instruments dociles et dévoués d'institutions libérales (1) ?

Le pouvoir militaire est un obstacle à l'expansion coloniale. Le Corps législatif, interprète du sentiment public, l'a condamné. Ses défenseurs les plus déterminés ont fait leur soumission. Il appartient au Gouvernement de

---

(1) « Les réformes politiques doivent avoir pour effet
» d'obtenir les réformes économiques et administratives que
» le régime militaire refusera tant qu'il sera le maître. »
(Jules Duval, *Économiste français*, 5 mai.)

procéder avec vigueur à la révolution qu'il a prise sous son patronage, et de donner enfin à l'Algérie les satisfactions qui peuvent seules consolider sa grandeur et sa prospérité.

TABLE.

Introduction	VII
Première lettre. — L'Algérie et les colons algériens.	1
Deuxième lettre. — Les Arabes considérés au point de vue de la production et du travail	9
Troisième lettre. — De la concurrence indigène. — De ses causes. — De son influence sur la colonisation dans le passé et dans le présent	23
Quatrième lettre — Déchéance et dissolution de la race arabe	33
Cinquième lettre. — Les Kabyles ou Berbères. — Seul élément indigène apte à développer et à aider la colonisation	47
Sixième lettre. — Le discours du maréchal Mac-Mahon au Sénat (21 janvier 1870)	67
Septième lettre.— *Les Cahiers de l'Algérie* (un volume en vente chez Chalamel, libraire-éditeur, Paris)	87
Huitième lettre. — Terres de colonisation	101

Bordeaux. — Imp. G. Gounouilhou, rue Guiraude, 11.